Der Verein **Tadel verpflichtet! e. V.** wurde im Sommer 2016 mit dem Ziel gegründet, dem zunehmenden Rechtspopulismus vor der Bundestagswahl 2017 etwas entgegenzusetzen. Dafür wurden Wahlkampagnen entwickelt und Menschen unterstützt, die sich für eine vielfältige und offene Gesellschaft einsetzen möchten. Mit der Initiative »Diskursiv« des Vereins konzentrieren sich die Aktiven aus ganz Deutschland auf Bildungsangebote: In Workshops und Aufklärungskampagnen ermutigen sie dazu, politische Gespräche mit Andersdenkenden zu suchen und darin rechtspopulistischen Äußerungen »radikal höflich« entgegenzutreten.

Die Biografien der Autor*innen finden Sie auf der letzten Seite.

SPRICH ES AN

Rechtspopulistischer Sprache radikal höflich entgegentreten

Ein Buch von Diskursiv

Oetinger Taschenbuch

MIX
Papier aus verantwortungsvollen Quellen
FSC® C014496

Originalausgabe
1. Auflage

Max-Brauer-Allee 34, 22765 Hamburg

Autor*innen: Caroline Morfeld, Tobias Gralke und Philipp Steffan
Satz: Arnold & Domnick, Leipzig
Druck und Bindung: GGP Media GmbH, Karl-Marx-Straße 24, 07381 Pößneck, Deutschland
Printed 2020
ISBN 978-3-8415-0673-3

www.oetinger-taschenbuch.de

Inhaltsverzeichnis

Lesehinweis

Da es in diesem Buch um die Auseinandersetzung mit rechtspopulistischer Sprache geht, tauchen leider auch entsprechende Begriffe auf. In *Kapitel 1–5* vermeiden wir bewusst den Abdruck von rassistischen, antisemitischen, queerfeindlichen und behindertenfeindlichen Beleidigungen. Im *Glossar* sind jedoch zur Erläuterung rechtspopulistischer Sprache Begriffe zu lesen, die sich aggressiv gegen einzelne Menschengruppen richten.

Vorwort

Ich bin müde.

Ich bin super müde, in einem Land zu leben, das gerne mal so tut, als wäre in puncto Rassismus alles tutti: *Rassismus? Haben wir nicht.* Als wäre das gerade ausverkauft, weil die letzte Saison super lief.

Und überhaupt sind ja eh gerne mal die Betroffenen selbst schuld an dem Diskriminierungsschlamassel: *Die stellen sich aber auch immer an.*

Als wäre es ein Hobby, wenn man beispielsweise rassistisch beleidigt wird. So nach dem Motto: *Und was hast du heute Feines erlebt? Du, ich wurde mal wieder aufgrund meiner Hautfarbe als faul, kriminell und dumm abgestempelt. Hat richtig Fun gemacht.*

Ich bin müde, weil einige Rechtspopulismus erst auf dem Zettel hatten, als die AfD in den deutschen Bundestag einzog. Als wäre Rechtspopulismus 2015 ein neues Musikalbum: *Wow, das habe ich noch nie gehört, gar nicht groovy.*

Dabei wird gerne vergessen, dass die Menschen, die von Rechtspopulist*innen angegriffen werden, die Nummer ganz genau kennen, aka ein Lied davon singen können. Nur haben Teile der Mehrheitsgesellschaft dabei gerne mal den Stummmodus angeschaltet.

Rechtspopulismus ist aber eben kein One-Hit-Wonder, sondern ein Evergreen und natürlich hat die AfD nicht die exklusiven Rechte daran. Vielmehr sind Rassismus und daraus resultierender Rechtspopulismus fest verankert in unserer Gesellschaft.

Wie oft wird und wurde in den Medien der Begriff »Flüchtlingskrise« benutzt? Als wären Menschen, die vor Krieg und Hunger fliehen eine unberechenbare Naturkatastrophe, die das »Abendland« wegfegt.

Wie oft werden und wurde darüber *diskutiert*, ob der Islam jetzt zu Deutschland gehört oder nicht?

Wie oft werden und wurden Lebensrealitäten infrage gestellt, die nicht dem Max-und-Erika-Mustermann-Ideal entsprechen? Viel zu oft!

Deswegen darf sich auch niemand wundern, wenn Rechtspopulismus gerade mal wieder, und die Betonung liegt auf *wieder*, en vogue ist. Denn Medien, Politik, Zivilgesellschaft: Wir alle haben unseren Teil dazu beigetragen. Und mit wir, meine ich natürlich auch mich.

Denn nur weil ich schwarz bin, heißt das noch lange nicht, dass ich nicht selbst auch rassistische Tendenzen mit mir herumschleppe. Die Frage ist eher: Wem gebe ich die Schuld daran? Meinem Gegenüber, das ich aufgrund meiner eigenen Engstirnigkeit diskriminiere oder suche ich den Fehler bei mir selbst.

Auch ich bin mit der Idee groß geworden, dass alles, was nicht in eine vermeintliche und konstruierte Norm passt, als weniger wertvoll oder als Gefahr abgestempelt werden kann.

Auf rechtspopulistisch klingt das dann so: *Ich habe nichts gegen Ausländer*innen, aber …*

Wer also Rechtspopulist*innen radikal höflich widersprechen möchte, ist herzlichst eingeladen, erst einmal vor der eigenen Rassismus-Tür zu kehren. Da haben sich nämlich bestimmt ein paar Staubmäuse angesammelt. Und wer ordentlich und gründlich durchfeudelt, also das eigene rassistische Verhalten reflektiert, Betroffene ernst nimmt und ihnen zuhört, hat genug Rückenwind, um Rechtspopulist*innen den Wind aus den Segeln zu nehmen.

Und das mit dem Wind-aus-den-Segeln-nehmen sollten wir uns alle aufs Fähnchen schreiben. Denn Rechtspopulist*innen verkaufen Rassismus und andere Diskriminierungsformen als Meinung à la: *Das wird man doch noch sagen dürfen.*

Nein, man darf nicht alles sagen, das durfte man noch nie: Es war zum Beispiel noch nie okay, das N-Wort zu benutzen. Es hat nur niemanden gejuckt. Weil gruppenbezogene Menschenfeindlichkeit mit Meinung so viel zu tun hat, wie Friedrich Merz mit Feminismus.

Wer oft müde ist, hat viel Zeit zum Träumen. Und ich träume, nein, ich fordere eine Gesellschaft, in der alle Menschen demokratisch mitmischen können. Eine Gesellschaft, in der Rassismus, Sexismus, Antisemitismus, Islam-, Queerfeindlichkeit und andere Diskriminierungen eben doch einen auf One-Hit-Wonder machen. Eine Gesellschaft, in der Menschen mit Migrationsgeschichte nicht als »Fremde« gelesen werden. Eine Gesellschaft, die stattdessen Migration feiert, Normalität hinterfragt und alle Lebensmodelle mit einem High-Five wertschätzt. Eine Gesellschaft, in der Rechtspopulist*innen nichts zu melden haben.

Ich bin mir sicher, wir kriegen das hin. Und zwar radikal höflich!

Tarik Tesfu

Kapitel 1: Sprich über Sprache!

Du bist in einer Gruppe unterwegs. Mit einigen bist du befreundet, andere kennst du weniger gut. Ihr redet durcheinander, habt Spaß. Mit einem Ohr hörst du, wie eine Freundin mit ihrem Nebenmann diskutiert. Er sagt: »Man muss schon auch verstehen, dass Menschen Angst vor *Überfremdung* haben.«

Stopp! Instinktiv willst du ihn darauf hinweisen, dass »Überfremdung« ein »rechter Begriff« ist. Schließlich benutzen ihn AfD-Politiker*innen genauso wie rechtsradikale Youtuber*innen. Gerade weil sich Begriffe wie dieser in den vergangenen Jahren immer weiter in unserer Sprache ausbreiten, denkst du, wäre es eigentlich wichtig, etwas dazu zu sagen.

Sprung ins kalte Sprachwasser

Denn rechtspopulistische Sprache ist **ausgrenzend und diskriminierend**. Der Begriff »Überfremdung« ist an Überfüllung oder Übersättigung angelehnt. Er legt nahe, es gäbe »zu viel« von etwas angeblich Fremden, wodurch Gewohntes verdrängt werde.

Gemeint sind aber Menschen. Menschen, die eine andere Religion, Sprache, »Hautfarbe« oder Staatsangehörigkeit haben als die Bevölkerungsmehrheit. Indem sie als »fremd« bezeichnet werden, übernimmt der Begriff die rechtspopulistische Trennung zwischen »Wir« und »den Anderen« (»den Fremden«). Er grenzt Menschen sprachlich aus unserer Gesellschaft aus, die selbstverständlicher Teil von ihr sind. Ihr Recht, hier zu leben, wird so unterschwellig infrage gestellt.

Rechtspopulistische Sprache und Weltbild

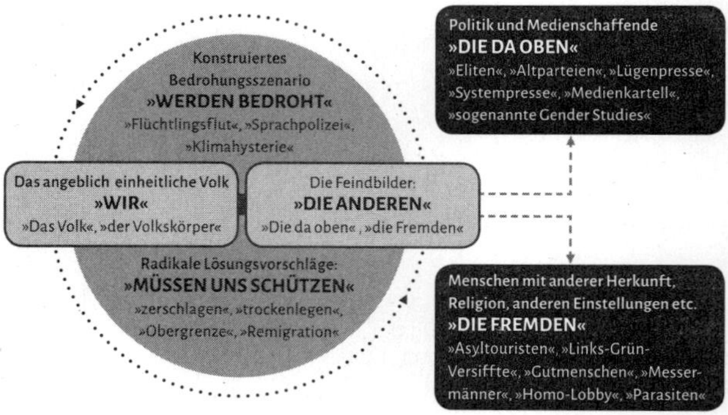

Als **rechtspopulistische Sprache** bezeichnen wir Begriffe, Sprachbilder und Argumentationsmuster, die in ein **menschen- und demokratiefeindliches Weltbild** passen. Viele dieser Begriffe sind sehr deutlich, andere klingen aber auch »weniger schlimm«.

Manche der Begriffe, die wir als rechtspopulistisch verorten, stammen aus dem Nationalsozialismus oder dem Kolonialismus. Andere sind jünger und gehören zum Standardwortschatz der sogenannten »Neuen Rechten«. Einige werden auch seit Jahrzehnten von Konservativen verwendet und sind Teil unseres alltäglichen Sprachgebrauchs.

Sie alle eint: Ihre gefährliche Wirkung entfalten sie unterschwellig. Viele können zwar rechtsextrem, rechtsradikal oder einfach rassistisch genannt werden. Die Zusammenfassung zu *rechtspopulistischer Sprache* soll trotzdem nicht verharmlosen! Im Gegenteil: Wenn sowohl die »weniger schlimmen« als auch die klar besetzten Begriffe als *rechtspopulistisch* verstanden werden, zeigt sich, wie sie zusammenhängen.

Denn gemeinsam transportieren und unterstützen sie die hinter dieser Sprache stehende Denkweise – das **rechtspopulistische Weltbild.** Es basiert auf einer Gegenüberstellung zweier konstruierter Gruppen: »Wir« und »die Anderen«. Das »Wir« steht für das angeblich einheitliche »Volk«, obwohl Rechtspopulist*innen weder die Bevölkerungsmehrheit noch alle Bevölkerungsgruppen vertreten. Demgegenüber steht die zweite konstruierte Gruppe: »Die Anderen«, die als Feindbilder und Gefährdungen für »das Volk« beschrieben werden, vor denen dieses sich schützen müsse.

Wer alles zu diesen »Anderen« gehört, ist dabei relativ variabel: Zum einen werden Politik- und Medienschaffende als »die da oben«, als »Eliten« oder »Lügenpresse« verunglimpft. Ihnen wird vorgeworfen, sie würden »den Volkskörper« ausnutzen und sich selbst bereichern. Zum anderen gelten im Rechtspopulismus Menschen als Feind*innen, die eine andere Herkunft, Religion, »Hautfarbe«, Geschlechtsidentität, sexuelle Orientierung oder politische Einstellung als die »Wir«-Gruppe haben.

Weil die Feindbilder im rechtspopulistischen Weltbild teilweise austauschbar sind, wird Rechtspopulismus auch als **dünne Ideologie** bezeichnet. Je nach Feindbild, wird es durch verschiedene Inhalte (und dazu passende Begriffe!) angereichert – zum Beispiel medienfeindliche, anti-feministische oder anti-muslimische. Dadurch zieht es auch Menschen an, die es gar nicht vollständig teilen – und das macht es so gefährlich.

Doch bei dieser Ausgrenzung allein bleibt es nicht: In »*Überfremdung*« werden die angeblich »Fremden« auch noch zu einer diffusen Gefahr erklärt!

Wenn Begriffe wie »Überfremdung« einfach stehen gelassen werden, werden sie irgendwann Teil der Alltagssprache, fallen in immer mehr Situationen selbstverständlich und schüren Angst vor Einwanderung. Für Betroffene ist das **verletzend und bedrohlich**! Denn solche Begriffe sind auch das sprachliche Fundament für körperliche Gewalt. Je häufiger sie fallen, je öfter sie versteckt dazu aufrufen, sich vor bestimmten Gruppen zu schützen, desto eher fühlen sich Rechtsextreme zum Handeln aufgefordert – und desto größer ist die Bedrohung für Betroffene.

Traurige Beispiele für diesen Zusammenhang gab es in den vergangenen Jahren zu viele: 2018 in Chemnitz, als ein rechter Mob Jagd auf Menschen mit vermeintlich »fremdem« Aussehen machte. 2019 in Halle, als ein Rechtsextremist nur von einer Holztür daran gehindert wurde, in einer Synagoge jüdische Menschen zu ermorden – und dann auf offener Straße zwei Menschen tötete. Und 2020 in Hanau, als ein rechtsextremer Terrorist in zwei Shisha-Bars neun Menschen mit Migrationsgeschichten erschoss.

In all diesen Fällen begründeten die Täter ihre Angriffe mit einer Bedrohung durch angeblich »Fremde« – **ein klar rassistisches, beziehungsweise antisemitisches Motiv**. Es ist deshalb wichtig, Begriffe wie »Überfremdung« zum Thema zu machen, auch wenn sie im Alltag und ohne böse Absicht verwendet werden – damit sie sich nicht weiter ausbreiten!

Zurück zur Anfangssituation: Vielleicht hast du trotzdem ein schlechtes Gefühl bei der Vorstellung, die Person auf »Überfremdung« anzusprechen. Du kennst sie kaum und weißt nicht, wie sie reagieren wird. Sie könnte sich angegriffen und vor den Kopf gestoßen fühlen. Eure Beziehung und das Treffen wären belastet. Es könnte auch passieren, dass die Person deinen Einwand beiseite wischt: »Es ist doch nur ein Wort, mach dich mal locker.« Du könntest als moralisierende Spaßbremse gelten. Von deinem Anliegen bliebe in beiden Fällen wenig übrig.

Wie reagierst du also? Wie schaffst du es, einzuschreiten und die Person auf ihren Sprachgebrauch hinzuweisen, ohne sie dabei persönlich zu attackieren? Wie machst du klar, dass dir Sprache und Wortwahl wichtig sind, ohne den Eindruck zu vermitteln, der anderen Person etwas vorschreiben zu wollen? Wie erklärst du, dass es schon hilft, bei scheinbar kleinen Dingen wie der Wortwahl anzufangen, wenn man gesellschaftlich etwas verändern möchte?

Von solchen Situationen und wie du dich in ihnen verhalten kannst, handelt dieses Buch. Es handelt von **Sprache**, wie sie unser Denken prägt und welche Wirkung sie haben kann. Warum unser Sprachgebrauch also einerseits etwas sehr Persönliches ist, aber gleichzeitig uns alle betrifft – darum geht es in *Kapitel 2*.

Insbesondere handelt dieses Buch von **rechtspopulistischer Sprache**. Denn je weiter sie sich in unserem Alltag breitmacht, desto einflussreicher wird auch das menschen- und demokratiefeindliche Weltbild dahinter. Deshalb geht es in *Kapitel 3* darum, wie rechtspopulistische Sprache funktioniert und wie wir sie erkennen.

Schließlich und vor allem aber handelt dieses Buch davon, **wie du rechtspopulistischer Sprache entgegentreten kannst** – und zwar, indem du sie sachlich und **radikal höflich** zum Thema machst, deine eigene Sprache nutzt und erklärst. In *Kapitel 4* geht es anhand konkreter Beispielsituationen ganz praktisch darum, wie du auf rechtspopulistische Sprache reagieren kannst und dabei deinen Überzeugungen und Werten Ausdruck verleihst.

Im Großen handelt dieses Buch also von den Herausforderungen, vor denen wir als demokratische Gesellschaft stehen. Dazu gehört die Feststellung, dass wir es mit einer zunehmend gespaltenen Öffentlichkeit zu tun haben, in der sich gleichzeitig der öffentliche Diskurs seit Jahren nach rechts verschiebt. Vor diesem Hintergrund fassen wir in *Kapitel 5* Möglichkeiten zusammen, **(Alltags-)Sprache bei sich selbst und anderen zum Thema zu machen**, um bereits *im Kleinen* für ein diskriminierungsfreies Sprechen einzutreten.

Rechtspopulistische Diskursverschiebung

Der gesellschaftliche Diskurs – also das, was gesellschaftlich gesagt wird und wie – verschiebt sich immer mehr nach rechts. Diese Entwicklung bezeichnen wir als rechtspopulistische Diskursverschiebung. So können in der Öffentlichkeit immer mehr menschen- und demokratiefeindliche Dinge gesagt werden, die vorher nicht ohne Weiteres geäußert wurden. Nicht, weil sie gesetzlich verboten gewesen (*siehe Kasten Meinungsfreiheit S. 25*) und nun erlaubt wären. Sondern weil wir immer mehr abstumpfen, je öfter wir sie hören.

So war es noch vor wenigen Jahren undenkbar, dass der Vorsitzende einer großen Partei dazu aufruft, eine türkisch-deutsche Politikerin »in Anatolien zu entsorgen«. Heute haben wir uns nicht nur an solche rassistischen Provokationen gewöhnt. Auch im Alltag haben viele Menschen ihre Hemmungen abgelegt, so zu sprechen. Das hat damit zu tun, dass solche Ausdrücke normal erscheinen, je öfter sie in Politik und Medien verwendet werden.

Verschiebung bedeutet, dass diese Entwicklung nicht einfach passiert, sondern **beabsichtigt** ist (wie das funktioniert wird im *Kasten auf S. 48* erklärt). *Diskurs*verschiebung bedeutet, dass nicht nur verschoben wird, *wie* wir über Themen sprechen – sondern auch *über welche*.

Zum Beispiel wird seit Jahren in Talkshows darüber gesprochen, ob »der Islam zu Deutschland gehört«. Andere wichtige Herausforderungen wie soziale Ungleichheit und Teilhabe, Digitalisierung und die Klimakrise kommen dann zu kurz. Bei der Diskursverschiebung handelt es sich also gleichermaßen um eine **Sprach- wie Politikverschiebung**. Die Folge: Anstatt sich um wichtige Probleme zu kümmern, wird Stimmung gegen Menschengruppen gemacht, die als »eigentliches« Problem beschrieben werden.

Radikal höflich über Sprache sprechen

Um rechtspopulistischer Sprache im Alltag entgegenzutreten, braucht es eine klare Haltung: **Radikale Höflichkeit** (ausführlich beschrieben in »Sag was! – Radikal höflich gegen Rechtspopulismus argumentieren«, Oetinger 2019). Dabei geht es darum, politische Diskussionen sachlich zu führen und gleichzeitig Hass und Ausgrenzung aktiv entgegenzutreten.

Das bedeutet nicht, dass du pauschal »mit Rechten reden« solltest. Ganz im Gegenteil: Du solltest unterscheiden, mit wem du es in einem Gespräch zu tun hast – und was du selbst in der Situation erreichen kannst und willst. Es muss nicht um jeden Preis diskutiert werden! Provokationen und Menschenfeindlichkeit solltest du unmissverständlich widersprechen. Aber bei Menschen, die noch kein geschlossen rechtspopulistisches Weltbild haben, kann ein persönliches Gespräch Denkprozesse und Veränderungen anstoßen.

Zum radikal höflichen Umgang mit rechtspopulistischer Sprache im Alltag gehört es zuerst, anzuerkennen, dass viele Menschen sie benutzen, **ohne das dahinterliegende Weltbild zu teilen**. Sie sprechen von der »Flüchtlingswelle«, aber haben überhaupt kein Problem damit, dass Menschen hier Schutz suchen. Sie lassen sich über »Altparteien« aus, aber würden niemals der AfD ihre Stimme geben. Vielleicht wurdest du selbst auch schon einmal auf einen Begriff hingewiesen und warst überrascht darüber, welche Wirkung von ihm ausging, weil diese von dir so nicht beabsichtigt war.

Noch im letzten Buch benutzten wir beispielsweise unreflektiert den harmlos wirkenden Begriff »fremdenfeindlich«. Dabei funktioniert dieser ganz ähnlich wie »Überfremdung«: Zwar erklärt er »Fremde« nicht zur Bedrohung, aber auch er übernimmt die rechtspopulistische Trennung zwischen »Wir« und »den Anderen«. Wenn Aktionen als »fremdenfeindlich« bezeichnet werden, bei denen Menschen auf Basis von äußerlichen Merkmalen und Vorurteilen angegriffen werden, so wird die rassistische Perspektive der Täter*innen übernommen. In dieser Perspektive zu bleiben heißt, Rassist*innen und Rechtsextreme bestimmen zu lassen, wer Teil unserer Gesellschaft ist und wer nicht.

Die versteckte Bedeutung und Wirkung von Begriffen sofort zu erkennen, ist schwer; dass du und andere immer alles richtig machen, ist unwahrscheinlich. Was zählt ist vielmehr, einen offenen, konstruktiven Umgang mit der eigenen Sprache zu finden.

Gerade weil sich die unterschwellige Bedeutung von Begriffen häufig verbirgt, bleibt es darüber hinaus wichtig, rechtspopulistische Sprache auch Anderen gegenüber zu thematisieren. Das Ziel: Verhindern, dass mit den rechtspopulistischen Sprachbildern (»Flüchtlingswelle«) auch die darin transportierten Vorstellungen normal werden (»die Grenzen dichtmachen«, um sich vor der »Welle« zu schützen).

Es ist eine große Herausforderung, den richtigen Umgang mit Menschen zu finden, die unbewusst, beiläufig, aber manchmal auch mit voller Absicht rechtspopulistische Sprache benutzen. Oft glauben wir schon zu wissen, was das Gegenüber auf unsere Kritik entgegnen wird: »Nur, weil das jetzt nicht ganz ›politisch korrekt‹ war, werde ich in die rechte Ecke gestellt.« Oder: »Das wird man ja wohl noch sagen dürfen …« Vielleicht auch: »Man weiß ja gar nicht mehr, wie das jetzt alles richtig heißt.« Der leicht anzubringende Vorwurf der »Sprachpolizei« lähmt unsere Reaktionsbereitschaft – aber ist er überhaupt berechtigt?

Sprache ist etwas sehr Persönliches. Wir wachsen mit ihr auf, verständigen uns darüber, drücken unsere Gedanken mit ihr aus. Viele Menschen wollen sich nicht »in ihren Kopf hineinreden« lassen. Sie empfinden Hinweise auf ihren Sprachgebrauch als übergriffig und einschränkend. Und sie glauben, dass dadurch auch das Diskutieren über Probleme verboten werde. Vielleicht sorgen sie sich vor sozialen Konsequenzen in ihrem Umfeld, wenn sie sich zu politischen Themen äußern. Wer über den Sprachgebrauch anderer redet, muss diese Verunsicherung mitdenken – und verstehen, woher sie kommt.

Eine Ursache für die Verunsicherung liegt in einer tatsächlich sehr positiven Entwicklung der vergangenen Jahrzehnte. Menschengruppen, die durch den alltäglichen Sprachgebrauch seit Langem ausgeschlossen oder unsichtbar gemacht werden, fordern Gleichberechtigung ein.

Die Vielfalt unserer Gesellschaft beginnt so, sich auch in unserer Sprache zu zeigen: Wir versuchen, gendergerecht zu sprechen und sehen in Migration nicht nur einen »Hintergrund«, sondern verschiedene Geschichten, die erzählt und ausgetauscht werden können. Während (bewusst oder unbewusst getätigte) rassistische, antisemitische, sexistische, klassistische oder behindertenfeindliche Äußerungen an Stammtischen, in Talkshows, Umkleidekabinen und Klassenzimmern früher oft kommentarlos stehengelassen wurden, treffen sie nun online und auf der Straße auf öffentlichen Widerspruch.

Trotzdem geht der Vorwurf der Sprachpolizei an der Sache vorbei. Auf ausgrenzende, diskriminierende und verletzende Sprache hinzuweisen und sie zum Thema zu machen, ist keine Einschränkung der Meinungsfreiheit! Es ist weder ein Verbot inhaltlicher Diskussionen, noch steht die Absicht dahinter, Menschen für ihren Sprachgebrauch zu bestrafen – sondern es geht darum, Alternativen vorzuschlagen, die einschließen statt auszuschließen.

Die *eigenen*, von klein auf erlernten **Sprach- und Denkmuster kritisch zu hinterfragen und aktiv zu verlernen, kann eine große Herausforderung sein** und als Einschränkung empfunden werden. Deshalb muss die mögliche Verunsicherung des Gegenübers ernst genommen werden. Es ist für uns alle ein andauernder Prozess, unser eigenes Sprechen zu reflektieren.

Wenn du den Sprachgebrauch *Anderer* zum Thema machst, tust du dennoch gut daran, dich nicht vom »Sprachpolizei«-Vorwurf hemmen zu lassen. Dabei radikal höflich bleiben, heißt: **klarmachen, was dein Anliegen ist, ohne die andere Person zu verurteilen**. Vielmehr kannst du erklären, warum du einen Begriff unangebracht findest, ohne übergriffig zu wirken – und dabei deutlich machen, wofür du selbst stehst.

Gerechte Sprache für eine gerechte Gesellschaft

Wenn der »Sprachpolizei«-Vorwurf im Kleinen an Schrecken verliert, kann er auch im Hinblick auf das gesellschaftliche Ganze entkräftet werden. Das ist wichtig – denn der Vorwurf ist nicht nur falsch, er lenkt auch vom eigentlichen Thema ab und heizt die Debatte auf: Er nutzt die reale Verunsicherung vieler Menschen und richtet sie gegen andere. Anstatt das Bemühen um gerechte Sprache als Teil eines normalen und wichtigen Aushandlungsprozesses in einer demokratischen Gesellschaft anzuerkennen, werden schon kleine Versuche abgelehnt und lächerlich gemacht.

Dabei ist die gesellschaftliche Entwicklung hin zu sprachlicher Gleichberechtigung notwendig, überfällig und noch lange nicht am Ende – und zwar, weil wir eine vielfältige Gesellschaft sind: In Deutschland leben Menschen mit unterschiedlicher sexueller Orientierung, Geschlechtsidentität, Migrationsgeschichte, »Hautfarbe« und politischer Einstellung, mit unterschiedlichem Lebensstandard oder Glauben. Damit sich in so einer Gesellschaft alle gleich aufgehoben fühlen, braucht es ein Bewusstsein für all die verschiedenen Menschen, Lebensweisen und Perspektiven – auch in der Sprache!

Viele große Medienhäuser (von Bild bis Spiegel) haben diese Entwicklung jedoch immer wieder mit einer angeblich bedrohten Meinungsfreiheit in Zusammenhang gebracht. Dabei wurde begründete Kritik an diskriminierender Sprache auf eine Stufe mit staatlicher Zensur gestellt. Doch das ist grob verzerrend und spielt auf fahrlässige

Weise Rechtspopulist*innen in die Karten. Denn diese wollen den Eindruck erwecken, ein »diktatorisches System« unterdrücke die freie Rede.

Meinungsfreiheit
Das Recht auf freie Meinungsäußerung ist eine wichtige Errungenschaft. Es ist nicht nur Teil der allgemeinen Erklärung der Menschenrechte, sondern auch im deutschen Grundgesetz verankert. In Artikel 5 heißt es: »Jeder hat das Recht, seine Meinung in Wort, Schrift und Bild frei zu äußern und zu verbreiten [...]. Eine Zensur findet nicht statt.« Dieses machtvolle Grundrecht soll staatliche Unterdrückung verhindern, denn in einer Diktatur können Menschen für ihre Äußerungen von Machthabenden willkürlich eingesperrt werden.

Meinungsfreiheit hat jedoch ihre Grenzen. Nämlich dort, wo sie anderen Menschen schadet. Diese Grenzen sind gesetzlich festgelegt: Beleidigung, Volksverhetzung, das Verbreiten von Lügen über eine andere Person oder das Aufrufen zu einer Straftat gehören zu diesen Einschränkungen und können verurteilt werden. Volksverhetzung begeht beispielsweise, wer eine ganze Bevölkerungsgruppe beleidigt oder zu Hass gegen sie aufruft. Zum Straftatbestand der Volksverhetzung gehört in Deutschland auch die Leugnung oder Verharmlosung des Holocausts.

Für solche Äußerungen zurechtgewiesen zu werden (und gegebenenfalls mit Konsequenzen rechnen zu müssen), ist keine Einschränkung der Meinungsfreiheit, sondern ein Hinweis auf ihre Grenzen. Dass es in Deutschland kompliziert ist, tatsächlich rechtliche Konsequenzen durchzusetzen, zeigt den großen Wert, den Gerichte der freien Rede zumessen. Das ändert aber nichts an der Unrechtmäßigkeit vieler Aussagen – vielmehr ist hier der Staat gefordert, die Durchsetzung geltenden Rechts zu verbessern.

Durch die verzerrte Berichterstattung wird die wirkliche Bedrohung der Meinungsfreiheit vernachlässigt. Sie geht nämlich in diesen Tagen eindeutig von rechts aus: So schrecken mittlerweile viele Menschen davor zurück, sich in Online-Diskussionen einzubringen oder politisch zu engagieren. Sie haben Angst, von Hate Speech oder Doxing (Veröffentlichung privater Daten) betroffen zu sein oder auf der Straße angegriffen zu werden. Der CDU-Politiker Walter Lübcke, der sich für geflüchtete Menschen eingesetzt hatte, wurde 2019 sogar auf seiner Terrasse erschossen.

Wenn Menschen wegen organisierter, rechtsextremer Online-Kriminalität und Gewalt davor zurückschrecken (oder sogar daran gehindert werden), ihre Meinungen zu äußern und an der öffentlichen Debatte teilzunehmen, so schränkt das ihre Meinungsfreiheit und Möglichkeit zur

Mitbestimmung ein. Für Rechtspopulist*innen, die all je zum Schweigen bringen wollen, die ihnen und ihrem Wel bild entgegenstehen, ist das ein Erfolg.

Für alle Demokrat*innen hingegen ist das ein massives Problem. **Unsere Demokratie lebt von der Freiheit, sich öffentlich äußern zu können.** Nur wenn Meinungen nicht zurückgehalten werden, haben wir die Möglichkeit, miteinander zu streiten und dann auch Kompromisse zu finden. Wer die Meinungsfreiheit und die Demokratie schützen möchte, muss daher diese körperliche und sprachliche Gewalt tatsächlich konsequenter verfolgen.

Einen anderen Umgang braucht es mit **alltäglicher sprachlicher Diskriminierung**. Auch durch sie werden Menschen ausgegrenzt oder vernachlässigt und so aus der Öffentlichkeit ausgeschlossen – nur kann und soll dafür niemand bestraft werden. Vielmehr sollten wir alle dazu bereit sein, uns die Folgen und Wichtigkeit unseres Sprechens bewusst zu machen – oder Hinweise darauf ernst zu nehmen. Denn Sprache ist auch etwas Öffentliches und Politisches. Es geht bei Sprache nämlich immer um die Frage, wer in einer Gesellschaft mitgedacht, anerkannt und als gleichberechtigte Person respektiert wird.

Deshalb ist es wichtig, **den Menschen zuzuhören, die von diskriminierender Sprache betroffen sind**. Für viele Menschengruppen fallen uns schnell herabwürdigende

Bezeichnungen ein, die wir in der Schule oder auf der Arbeit, in Büchern, Liedern oder Filmen gelernt haben. Das gilt zum Beispiel für Schwarze Menschen, People of Color, jüdische Menschen, Sinti*zze und Roma*nja, LGBTQIA*-Personen (Lesbian, Gay, Bisexual, Trans, Queer, Inter, Asexual) und Menschen mit Behinderung. Die hier verwendeten Begriffe sind dagegen Bezeichnungen, die sich Angehörige dieser Gruppen selbst gegeben haben. Sie zu verwenden ist eine Bedingung dafür, mit- statt übereinander ins Gespräch zu kommen.

Wenn Nicht-Betroffene anfangen *zuzuhören*, können sie vielleicht erahnen, wie es sich anfühlt, mit einem nicht selbst gewählten Begriff bezeichnet zu werden. Vielleicht erinnern sie sich an einen beleidigenden Spitznamen, den sie ungewollt in der Schule bekommen haben. Und vielleicht können sie dann versuchen sich vorzustellen, wie sich das anfühlen muss: nicht nur von Einzelpersonen gehänselt, sondern von der gesamten Mehrheitsgesellschaft ausgeschlossen zu werden; nicht nur vereinzelt mit ungewollten Fremdbezeichnungen belegt, sondern systematisch durch Sprache übergangen, entmenschlicht und erniedrigt zu werden.

Wer versucht, sich das vorzustellen, versteht: Obwohl viele diskriminierende Wörter nicht verboten, sondern Teil unserer Alltagssprache sind, ist es ein Zeichen von Respekt für sprachlich diskriminierte Gruppen, diese Begriffe *nicht* zu verwenden. Die Forderung nach gerechterer Sprache ist also keine Einschränkung der Meinungsfreiheit! Das Unbehagen, das eine Veränderung unserer sprachlichen Gewohnheiten auslöst, zeigt nur, dass die »Mehrheitsgesellschaft« die Konsequenzen diskriminierender Sprache nicht zu spüren bekommt. Der Psychologe Romeo Bissuti drückte das so aus: »Für jemanden mit Privilegien fühlt sich Gleichstellung wie Benachteiligung an.«

Diskriminierendes Sprechen zum Thema zu machen, ist kompliziert – aber unerlässlich. Denn **durch Sprache bestimmen wir, in welcher Gesellschaft wir leben wollen**. Ein Gespräch über Sprache ist auch eine Diskussion darüber, was unsere Wertvorstellungen sind und wie wir sie zum Ausdruck bringen. Sprache ist also weder eine rein persönliche Angelegenheit, noch ist sie egal. Sie kann kreatives Ausdrucksmittel und Spielzeug, aber auch Machtinstrument und Waffe sein. Sprache ist vor allem eins: Handeln.

Darum ist es gerade in einer vielfältigen, demokratischen Gesellschaft wichtig, ein gemeinschaftliches Verantwortungsgefühl für unsere Sprache zu entwickeln. Dieses Buch will dazu ermutigen und zeigen, wie die Auseinandersetzung für eine gerechtere Gesellschaft auch dort geführt werden kann, wo sie beginnt – in und mit den Mitteln der Sprache.

Kapitel 2: Die Macht der Sprache

»Ja, ich will.« Diese drei Wörter besiegeln eine Ehe vor dem Standesamt. Es mag banal erscheinen, aber sie sind die Grundlage für eine Reihe an Regelungen, Rechten und Verpflichtungen, die mit einer Ehe in Deutschland einhergehen. Ohne, dass sie ausgesprochen werden, würde die Ehe vor dem Gesetz nicht gelten.

Eine bekannte wissenschaftliche These wird an diesem Beispiel deutlich: »Sprache schafft Wirklichkeit.« Aber was bedeutet das konkret? Welche Wirkung haben Sprache und – noch spezieller – schon einzelne Wörter auf unser Denken, Fühlen und Handeln?

Wir ersprechen uns die Welt

Zuerst das Offensichtliche: Sprache ist ein Kommunikationsmittel. Wir nutzen sie zur Verständigung und zum Austausch. Mit Bezeichnungen grenzen wir Dinge, Sachverhalte, Gegenstände, Gefühle und mehr voneinander ab. Wir klassifizieren sie und ordnen sie ein. **Unser Denken wird durch Sprache strukturiert.**

Aber nicht nur das. Dadurch, dass wir uns auf bestimmte Wörter einigen, um etwas zu beschreiben, können diese Wörter umgekehrt auch beeinflussen, wie wir die Welt sehen. Denn wir verbinden Begriffe direkt mit bestimmten Erfahrungen oder Handlungen. Wenn du das Wort *Stuhl* liest, hast du direkt eine Vorstellung davon, was ein Stuhl ist und wie er aussieht, wie er sich anfühlen könnte, was man damit tut. Diese Assoziationsketten basieren auf unseren alltäglichen Erfahrungen. Sie haben auch Einfluss darauf, was du überhaupt als Stuhl erkennst.

Hinter Wörtern steckt also oftmals viel mehr als wir auf den ersten Blick vermuten. Ein Stilmittel in unserer Sprache macht dies besonders deutlich: die Metapher (oder das Sprachbild).

Metaphern begegnen uns nicht nur als schnörkeliges Stilelement bei der Gedichtanalyse im Deutschunterricht. Bei genauerem Hinsehen ist unsere gesamte Sprache von unzähligen Metaphern durchzogen. Selbst einzelne Wörter können bereits metaphorisch sein – wie beispielsweise Tisch*bein*, Warte*schlange* oder Glüh*birne*. Für diese Begriffe gibt es keinen anderen Ausdruck, also kein Synonym in der deutschen Sprache. Sie sind so gängig, dass wir sie nicht mehr als Metaphern wahrnehmen. Hier sprechen wir auch von *unbewussten* Metaphern.

Bewusste Sprachbilder hingegen werden gezielt als Stilmittel verwendet, **um eine bestimmte Wirkung zu erreichen**. Ganz deutlich wird das in den Medien oder in der Werbung, wenn es darum geht, ein Produkt zu verkaufen oder mit einer Schlagzeile Aufmerksamkeit zu erzeugen. Aber auch auf der politischen Bühne werden Metaphern bewusst und häufig verwendet.

Was ist das Besondere an einer Metapher? Über sie wird ein Begriff, ein Sachverhalt oder eine Vorstellung anschaulicher beschrieben. Sie erzeugt **Bilder im Kopf.** In den oben genannten Beispielen wird etwa auf die Funktion (Tisch*bein*) oder die Form (Glüh*birne*) von Dingen verwiesen, indem Bezug zu etwas Bekanntem hergestellt wird.

Auch die Metapher des »gebrochenen Herzens« funktioniert, weil unser Gehirn automatisch das Bild eines gebrochenen Gegenstands aufruft und auf das Gefühl Liebeskummer bezieht. Bedeutungen werden von einem Sachverhalt (kaputter Gegenstand) auf den anderen (kaputtes Herz) übertragen und machen ihn plastisch. Gerade abstrakte Ideen oder Gefühle können mit Metaphern besonders gut vermittelt werden.

Unser Gehirn greift somit auf ein ganzes Netz an Verbindungen zurück, um Bedeutungen von teilweise unbewusst genutzten Sprachbildern zu entschlüsseln und einzuordnen. Doch unser Gehirn stellt nicht nur bei Metaphern, sondern bei allen möglichen Wörtern und Ausdrücken automatisch Zusammenhänge her. Das nennt man Framing.

Eine Frage der Perspektive

Wer an eine Zitrone denkt, erhöht dadurch messbar den den Speichelfluss. Diese These klingt erst einmal absurd, lässt sich aber tatsächlich nachweisen. Wie kann das sein? Wörter stehen nie allein, sondern werden von unserem Gehirn direkt in Zusammenhang mit Bildern und Ideen gestellt. Es zieht – wie auch bei Metaphern – blitzschnell und unbewusst Verbindungen, weil es gelernt hat, dass Dinge miteinander in Zusammenhang stehen.

Framing

Den Prozess im Gehirn, gelernte Verknüpfungen abzuspeichern und situationsbedingt aufzurufen, nennt man *Framing*. Das Gehirn braucht eine Orientierung, wonach es Informationen interpretieren und einordnen kann. Dafür stützt es sich auf den vorhandenen Bestand an Wissen und Erfahrung. Dies ergibt dann einen Deutungs- oder Bezugsrahmen (Frame), der häufig mit positiven oder negativen Emotionen verbunden ist. Innerhalb dieses Rahmens werden Beobachtungen und Fakten ganz automatisch interpretiert. Wir schauen also auf Dinge direkt aus einer bestimmten, subjektiven Perspektive. Das einfachste Beispiel hierfür ist das halb volle oder halb leere Glas Wasser.

Lesen oder hören wir beispielsweise das Wort *Zitrone*, greift unser Gehirn direkt auf Erfahrungen damit zurück (sauer!) und wir zeigen sogar eine unbewusste körperliche Reaktion. Das Gehirn täuscht quasi vor, da wäre wirklich eine Zitrone im Mund.

Die Werbebranche nutzt dieses Phänomen häufig aus. Ist zum Beispiel von »Großmutters Kuchen« die Rede, greifen Menschen laut einer Studie häufiger zu als bei einem normalen Kuchen, denn der Frame, der hier ins Spiel kommt, vermittelt: natürlich hergestellt, auf viel Erfahrung beruhend – besonders lecker!

Dass Entscheidungen nicht nach rein rationalen, logischen Gesichtspunkten getroffen werden, zeigt ein weiteres Beispiel aus einer Studie. Testpersonen sollten sich für oder gegen eine Operation entscheiden. Lasen die Teilnehmenden von einer 90-prozentigen Überlebenschance, entschieden sich deutlich mehr für die OP, als wenn von einem 10-prozentigen Sterberisiko die Rede war. Die Art der Formulierung hatte also Auswirkungen auf das Handeln, obwohl sich die Faktenlage nicht geändert hatte.

Auch wenn Forscher*innen sich über die genauen Effekte von Framing noch nicht einig sind, können wir zusammenfassen: Wörter beschreiben nicht nur die Realität, sondern sie lösen bei uns und Anderen etwas aus, setzen ganze Gedankenwelten in Gang. **Sie beeinflussen, wie wir Dinge**

wahrnehmen, Entscheidungen treffen und handeln. Sprache, Wörter und Formulierungen betreffen uns alle!

Mit Wörtern Politik machen

Wie verhält es sich mit politischen Debatten, in denen nicht nur Fakten vermittelt, sondern Argumente und Meinungen ausgetauscht werden, die das Gegenüber *überzeugen sollen*? Welchen Einfluss hat Sprache hier? Bei fast allen politischen Themen gibt es wiederkehrende Sprachmuster, Metaphern und Frames, die eine ganz bestimmte Wirkung erzielen – gewollt oder ungewollt.

Steuern werden zum Beispiel häufig mit negativen Erfahrungen in Zusammenhang gebracht. Wir hören von der »Steuerlast« oder der »Steuerfalle«. Dadurch wirken Steuern wie eine körperliche Bürde oder eine Art Gefängnis. Wir »flüchten« deshalb ins »Steuerparadies«, also an einen göttlichen Sehnsuchtsort, an dem wir sicher sind. Es ist bemerkenswert, dass wir Menschen, die Steuern hinterziehen – also eine Straftat begehen – sprachlich den Status von Geflüchteten zugestehen.

Das negative Framing von Steuern ruft vor allem Ablehnung oder ein Ungerechtigkeitsgefühl hervor. Es macht den Staat zum Bösewicht, dem Steuerhinterziehende schutz- und schuldlos ausgeliefert sind. Ein *positives* Framing, welches Steuern als Beitrag zum Gemeinwesen beschreibt, den der Staat im Auftrag von allen erhebt und von dem wir alle profitieren, existiert nicht.

Hier wird deutlich, wie wertend und selektiv politisches Framing ist: Durch Wörter, die immer wieder in Zusammenhang mit dem Thema Steuern stehen, werden bestimmte Aspekte betont (Belastung für Einzelne), andere aber ausgeblendet (Beitrag für die Gemeinschaft). Außerdem wird eine Reaktion direkt plausibel gemacht: sich von der Steuer*last* zu »befreien«.

Das Tückische an diesen sprachlichen Mustern ist, dass **durch Wiederholung eine gewisse Konditionierung** eintritt: Je häufiger wir Dinge miteinander in Verbindung bringen, desto selbstverständlicher wird der Zusammenhang. Die dahinterstehenden Denkmuster und Schlussfolgerungen bleiben oft im Verborgenen – wir übernehmen sie unbewusst, aber trotzdem schnell.

Ein weiteres Beispiel, wie Begriffe eine bestimmte Deutung nahelegen können, ist der sogenannte EU-Rettungsschirm: eine Metapher für die Finanzhilfen und Garantien, die Länder in finanzieller Not erhalten haben. Im Englischen sagte man hierzu meist »bail out«, was so viel bedeutet wie »raushauen«.

Zwei sehr unterschiedliche Deutungsrahmen werden hier aufgerufen. Wer einen Schirm braucht, ist wahrscheinlich *unverschuldet* in eine missliche Wetterlage gekommen.

Wurde jemand aus einer Situation »rausgehauen«, klingt es, als hätte die Person sich selbst in die Misere befördert. Zwei Wörter – zwei Schlussfolgerungen. Sie zeigen, wie über unterschwellige Bedeutungszusammenhänge politische Zustimmung oder Ablehnung zu den Finanzhilfen angeregt werden kann.

Im öffentlichen Diskurs werden Themen also »geframet«. **Ausgewählte Begriffe oder Formulierungen können bestimmte Perspektiven hervorheben und Diskussionen in eine Richtung lenken**: Wer von »Rettungsschirm« spricht, hält staatliche Finanzhilfen wahrscheinlich für eine überzeugende Lösung und will für – aus seiner Sicht – berechtigte Hilfe werben. Wer »raushauen« sagt, sieht das vermutlich anders.

Alles Manipulation?

Wenn von bewusstem Framing die Rede ist, wird oft der Vorwurf der »Manipulation« oder »Propaganda« laut. Der Verdacht scheint naheliegend. Doch es sollte klar sein, dass **Meinungen und Positionen ohnehin nicht neutral sein können**, denn sie basieren auf bestimmten Wertvorstellungen.

In allen politischen Lagern werden Metaphern und Frames bewusst oder unbewusst verwendet oder gezielt aufgerufen (Stichwort: »Gute-Kita-Gesetz«)! Sie sind in unserer politischen Sprache so allgegenwärtig, dass eine komplette Vermeidung schlichtweg unmöglich ist. Vielmehr sollte es darum gehen, sich unterschiedlicher Sprachbilder und mitschwingender Frames bewusst zu sein und sie zu erkennen. Denn Sprache macht es möglich, Weltsicht und Wertvorstellungen aus dem persönlichen Blickwinkel zu vermitteln. Die Frage ist also: Finden sich die eigenen Positionen und Haltungen in unserer Wortwahl wieder?

Indem manche Aspekte betont, andere ausgeblendet werden, **können Begriffe schon im Vorhinein den Zusammenhang bestimmen, in dem ein Thema diskutiert wird.** So kann ein Problem definiert (Steuern als Last), eine moralische Bewertung vorweggenommen (wer »rausgehauen« wird, war selbst schuld) und sogar eine mögliche Lösung plausibel gemacht werden (Flucht vor der Steuerlast).

Wer diese feinen Mechanismen von Sprache kennt und um ihre Wirkung weiß, kann alle möglichen Diskussionen bewusster führen. So fällt es auch leichter, einseitigen, unpassenden oder herabsetzenden Sprachgebrauch aufzudecken. Im nächsten Kapitel geht es darum, wie rechtspopulistische Sprache diese Mechanismen nutzt: Wie sie Themen framet und Assoziationen verstärkt, um so das rechtspopulistische Weltbild zu transportieren.

Kapitel 3: Rechtspopulistische Sprache

»Worte können sein wie winzige Arsendosen: sie werden unbemerkt verschluckt, sie scheinen keine Wirkung zu tun, und nach einiger Zeit ist die Giftwirkung doch da.« So beschrieb der Sprachforscher und Zeitzeuge Victor Klemperer den schleichenden Einfluss nationalsozialistischer Sprache im faschistischen Deutschland. In seinen Alltagsbeobachtungen zeigte er, wie die mörderische NS-Ideologie in Form von Wörtern, Redewendungen und Abkürzungen im Denken und Handeln der Menschen zu wirken begann – und wie sie Weltkrieg und Holocaust mit vorbereitete.

Auch die rechtspopulistische Sprache, mit der wir es heute zu tun haben, wird oft als Gift bezeichnet. Das liegt nahe: Seit sich mit dem Erfolg rechtspopulistischer Parteien auch ihre Begriffe verbreiten, erscheint das Diskussionsklima zunehmend *vergiftet*. Aber hilft die Gift-Metapher tatsächlich, zu verstehen, wie rechtspopulistische Sprache wirkt? Schließlich wird sie uns nicht heimlich von anderen verabreicht, sondern in aller Öffentlichkeit (auch von uns selbst) immer wieder gebraucht. Daher geht es in diesem Kapitel darum, genauer zu erklären, was rechtspopulistische Sprache ist und wie sie funktioniert.

Die Wirkung ist das Problem!

Als der AfD-Vorsitzende Tino Chrupalla im Dezember 2019 vom ZDF interviewt wurde, konfrontierte ihn der Moderator mit seinem Sprachgebrauch. Ob er nicht wisse, dass der von ihm genutzte Begriff »Umvolkung« aus dem Nationalsozialismus komme? Chrupalla geriet zwar ins Stottern, aber konnte sich mit dem Argument herausreden, er habe den Begriff nicht bewusst genutzt – und halte ihn ohnehin »in dieser Form nicht für rechtsextrem.« Im Folgenden wies der Moderator zwar darauf hin, dass der AfD-Vorsitzende immer wieder Sprache aus dem Nationalsozialismus benutzt. Nicht deutlich wurde allerdings, was genau das Problem daran ist.

Dass wir uns 75 Jahre nach dem Untergang des NS-Staats wieder verstärkt mit seiner menschen- und demokratiefeindlichen Sprache beschäftigen, ist einerseits sehr wichtig. Denn an diesem historischen Beispiel lässt sich nachvollziehen, zu welchen Taten Sprache beitragen kann. Das hilft uns heute dabei, rassistische Kommentare im Alltag, Hate Speech im Netz oder AfD-Reden nicht als isolierte Phänomene zu betrachten, sondern als gefährliche Gewalttaten und Grenzüberschreitungen ernst zu nehmen.

Andererseits ist nicht allein die Geschichte rechtspopulistischer Sprache das Problem. **Bei der Beurteilung von Begriffen zählt besonders ihre heutige Wirkung!**

Es ist wichtig, sich diesen Unterschied klarzumachen, um rechtspopulistischer Sprache effektiv entgegenzutreten. Denn so wird klar, warum du immer begründen solltest, was dich genau stört, wenn du die Wortwahl deines Gegenübers kritisierst – nur »Nazi-Sprache« oder »AfD-Wort« zu rufen, reicht nicht aus.

Zum einen macht es das überzeugten Rechtspopulist*innen nämlich leicht, sich aus der Verantwortung zu stehlen. Sie können so tun, als wäre ihnen die Herkunft des Begriffs nicht bewusst oder als wäre er zwar etwas drastisch, aber eigentlich doch »gar nicht so schlimm«. Beides ist falsch. Solange Begriffe auch heute Menschen verletzen oder sie unterschwellig zu einer Bedrohung machen, sind sie problematisch. Entscheidend ist darum die Bedeutung und Wirkung von Begriffen im Hier und Jetzt. Wird das erklärt, kann sich niemand mehr hinter Ausflüchten verstecken.

Zum anderen ist die rechtspopulistische Sprache der letzten Jahre auch kein einfacher Neuaufguss der NS-Sprache. Vielmehr ist sie eine Mischung alter und neuer Begriffe aus verschiedenen Zusammenhängen (***siehe Glossar***). Sie nutzt zwar Nazi-Ausdrücke wie »Altparteien«, »Lügenpresse« und »Volksverräter« und stellt sich damit klar in diese Tradition. Aber sie nutzt auch ganz andere Begriffe, die zum Beispiel aus der friedlichen Revolution der DDR

(»Wir sind das Volk!«) oder der internationalen, anti-feministischen Troll-Community stammen (»Feminazi«).

Werden rechtspopulistische Begriffe trotzdem nur nach ihrer Geschichte bewertet, so bleibt der entscheidende Aspekt im Dunkeln: Rechtspopulistische Sprache nimmt verschiedene Begriffe aus ihren Zusammenhängen und führt sie in einem gemeinsamen Weltbild zusammen. Dieses Weltbild betrifft unsere Gegenwart. Wir müssen es verstehen, um der dazugehörigen Einstellung entgegenzutreten.

Entmenschlichende Sprachkreise

Die rechtspopulistische Sprache der Gegenwart ist also Ausdruck des Weltbilds (*auf S. 12*) – und verstärkt es umgekehrt weiter. Die meisten ihrer Begriffe lassen sich innerhalb dieses Weltbilds einem **geschlossenen Sprachkreis** zuordnen. Neben Bezeichnungen für das »Wir« dieses Kreises – »Volkskörper«, »Nation«, »Identität«, »Heimat«, »Kulturraum« – werden auch »die Anderen« rhetorisch vereinheitlicht.

Dass gerade die Konstruktion von Feindbildern unverzichtbar für das rechtspopulistische Weltbild ist, zeigt sich auch an den unzähligen Begriffen, die Rechtspopulist*innen für die verschiedenen Feindbilder erschaffen (siehe ***Glossar*** ab S. 90). Menschengruppen, die im rechtspopulistischen

Weltbild als Feind*innen gelten, werden als bedrohliche und häufig entmenschlichte Masse dargestellt. Sie werden zum Beispiel als »Flüchtlingswelle«, »Regierungssumpf«, »Homo-Lobby« oder als »globalistische Krake« bezeichnet.

Um die Konstruktion von Feindbildern zu befördern, nutzen Rechtspopulist*innen zwei sprachliche Werkzeuge: Abgrenzung und Vereinheitlichung.

Rechtspopulistische Begriffe rufen fortlaufend Frames auf, die grundlegende Unterscheidungen zwischen »Wir« und »den Anderen« betonen und bewerten: gesund vs. krank (»Parasiten«), einheitlich vs. vielfältig (»Multikulti«), vernünftig vs. irrational (»Klimahysterie«), heimatlich vs. fremd (»Muselmann«), sauber vs. schmutzig (»linksgrünversifft«), wahr vs. falsch (»Lügenpresse«), natürlich vs. technokratisch (»Systempartei«) und so weiter. **Die klare Abgrenzung ermöglicht es Rechtspopulist*innen, eindeutige Zugehörigkeiten zuzuweisen.**

Ähnlich funktioniert die Vereinheitlichung: Damit die Welt ins Bild passt, müssen Unterschiede zwischen und innerhalb von vielfältigen Gruppen unterschlagen werden. Plötzlich gilt zum Beispiel alles, was nicht der rechtspopulistischen Weltsicht entspricht, als »linksgrün« – obwohl innerhalb der demokratischen Parteienlandschaft und der Zivilgesellschaft teilweise himmelweite Unterschiede bestehen.

Solche vereinheitlichenden Bilder entmenschlichen! Sie lassen Menschen als bloße Vertreter*innen einer Gruppe dastehen und nehmen ihnen ihre Individualität. Ganze Gruppen werden so für alle (vor allem negative) Taten verantwortlich gemacht, die einzelne Angehörige dieser Gruppe begehen – und Einzelne tragen umgekehrt Verantwortung für die gesamte vereinheitlichte Gruppe. Die Autorin Kübra Gümüşay beschreibt das so: »Wenn ich, eine sichtbare Muslimin, bei Rot über die Straße gehe, gehen mit mir 1,9 Milliarden Muslim*innen bei Rot über die Straße. Eine ganze Weltreligion missachtet gemeinsam mit mir die Verkehrsregeln.«

Indem rechtspopulistische Feindbildbezeichnungen die individuellen Personen in den Gruppen unsichtbar machen, können sie und ihre Lebensweisen herabgewürdigt und verächtlich gemacht – und so leichter als **Bedrohung** verstanden werden. Mit dem Begriff der »Homo-Lobby« werden zum Beispiel LGBTQIA*-Personen zu intriganten Mächten erklärt, die angeblich die heterosexuelle Kleinfamilie zerstören wollen. Sie werden nicht als gleichberechtigte Gruppe anerkannt, die ihre im Grundgesetz zugesicherten politischen Rechte beansprucht.

Besonders effektiv sind Sprachbilder, die bereits in sich eine **aggressive Reaktion** auf die gedachte Bedrohung nahelegen: Eine Welle muss *gestoppt*, ein Sumpf *trockengelegt*, von einer Krake muss sich *befreit werden*. Wie im vorigen Kapitel erklärt, werden solche Reaktionen schon beim Hören mitgedacht.

Solche Bilder schließen im rechtspopulistischen Weltbild den Sprachkreis zwischen der »Wir«-Gruppe und »den Anderen«: Um die »Heimat sauber«, den »Volkskörper gesund« zu halten, müssen die »versifften Linksgrünen« und »Parasiten« bekämpft werden. Direkte körperliche Gewalt ist in dieser Logik niemals ein Angriff, sondern folgerichtiger Akt der Selbstverteidigung (***siehe Kapitel 1***). Auf der politischen Ebene dient die sprachliche Vereinheitlichung in letzter Konsequenz der Vorbereitung radikaler Maßnahmen – das Hochziehen einer Mauer ist in den USA nicht mehr alberner Witz, sondern aberwitzige Wirklichkeit.

Insgesamt erinnert der geschlossene Sprachkreis des rechtspopulistischen Weltbilds nicht zufällig an eine der ältesten Verschwörungsmythen der Menschheit: die »jüdische Weltverschwörung«. Die Erzählung von einer geheimen, internationalen Macht, die daran arbeitet, den »unschuldigen Volkskörper zu zersetzen«, diente schon im Mittelalter immer wieder der Rechtfertigung für tödliche Gewalt gegen jüdische Menschen.

Heute lässt sie sich im Verschwörungsmythos des »Großen Austauschs« wiederfinden, in Attacken auf den politischen Stifter George Soros und in Botschaften der rassistischen Attentäter von Halle, Christchurch und Utøya. Die Mechanismen, mit denen im rechtspopulistischen Denken Feindbilder konstruiert werden, sind also schon sehr alt – und werden lediglich an die Gegenwart angepasst.

Durch Wiederholung zur Diskursverschiebung

Rechtspopulistische Sprache verknüpft gezielt Wörter mit bestimmter Bedeutung. Und Rechtspopulist*innen versuchen, die entstehenden Assoziationskreise in unseren Köpfen zu verstärken: indem sie Begriffe und damit einhergehende Denkweisen bei jeder Gelegenheit **wiederholen**. So sollen ihre radikalen Forderungen nicht nur plausibler erscheinen, sondern auch an Akzeptanz in der Bevölkerung gewinnen. Und dieser Plan geht tatsächlich auf!

Je häufiger wir zum Beispiel »Gefährder« im Zusammenhang mit geflüchteten Menschen hören, desto eher sehen wir diese auch als Bedrohung. Das liegt an der Kombination aus Entmenschlichung und Wiederholung. Selbst wenn wir diesen Mechanismus nicht beabsichtigen oder nicht vollständig mit dem politischen Programm dahinter einverstanden sind, kann es uns dann vertretbar erscheinen, Geflüchteten in sogenannten »Ankerzentren« ihre Grundrechte zu entziehen oder ihre Rettung aus dem tödlichen Mittelmeer zu unterlassen.

Verbindet man diese Beschreibung von Geflüchteten

als Bedrohung mit dem ebenfalls dauerhaft vorgetragenen Mythos des »Rechtsbruchs« an deutschen Außengrenzen, so wird dadurch ein gefährliches Klima geschaffen: Rechtsextreme meinen darin, sie müssten »das Recht in die eigene Hand« nehmen. Zusammengenommen bereiten solche – einzeln betrachtet oft harmlos wirkende – Begriffe also tatsächlich die sprachliche Grundlage für rassistische Ausschreitungen und Attentate wie in Chemnitz, Halle und Hanau.

Die rechtspopulistische Sprache nimmt gezielt Einfluss darauf, wie wir politische Themen wahrnehmen und aus welcher Perspektive wir sie verhandeln. Wichtige Fragen, wie die Arbeitsmarktintegration oder die menschliche Unterbringung von Geflüchteten, werden so von Grenzsicherheitsdebatten verdrängt oder von Vorurteilen überschattet. **Radikale Sprache und Politik werden so Teil unseres Alltags.**

Wenn Abgrenzung und Vereinheitlichung grundlegende Mechanismen rechtspopulistischer Sprache sind, ist Wiederholung also eine zentrale Strategie zur Diskursverschiebung. Weitere Strategien, die zum Erfolg der rechtspopulistischen Diskursverschiebung beitragen, sind im Kasten erklärt.

Strategien rechtspopulistischer Diskursverschiebung

Provokation und Dog-whistling

Rechtspopulist*innen führen gerne ein wiederkehrendes Spiel auf. Sie wagen sich sprachlich immer weiter hinaus – fantasieren beispielsweise von Gewalt gegen Andersdenkende oder bezeichnen den Nationalsozialismus als »Vogelschiss«. Wenn sie dafür kritisiert werden, finden sie unglaubwürdige Erklärungen oder stellen sich als missverstandene Opfer von »linker Hetze« dar. Die Provokationen erzeugen **Aufmerksamkeit** und verhindern gleichzeitig konstruktive Diskussionen zum eigentlichen Thema. Zum einen lebt die rechtspopulistische Sprache von Empörung, die gerade auf Social Media immer wieder entfacht wird. Zum anderen lässt diese Empörung durch die Dauer-Provokation nach. Langfristig werden radikale Begriffe und Argumente so salonfähig gemacht.

Viele Äußerungen sind dabei **bewusst mehrdeutig**. Ein Ausdruck wie das »Mahnmal der Schande« (Björn Höcke) ist eine inhaltlich relativ klare Verunglimpfung der deutschen Erinnerungskultur, lässt aber sprachlichen Interpretationsspielraum, um keine Straftat darzustellen. So wissen die (extremen) Anhänger*innen, was gemeint ist; die öffentliche Kritik erscheint aber gleichzeitig übertrieben oder nicht genügend gerechtfertigt. Daher auch die Bezeichnung *Dog-whistling*: Die (Unter-)Töne einer Hundepfeife sind nicht für alle hörbar. Rechtspopulist*innen bewegen sich mit ihren Provokationen also vorsätzlich am Rande des Sagbaren, um dessen Grenzen zu verschieben.

Ironisierung

Häufig versuchen Rechtspopulist*innen, ihre konstruierten Feind*innen nicht direkt anzugreifen, sondern sie durch **beiläufige, aber aggressive Ironie** verächtlich zu machen. So bezeichnen sie zum Beispiel politisch Andersdenkende als »Gutmenschen«, Antifaschist*innen als »Antifanten«, benutzen das Gender-Sternchen absichtlich falsch oder sprechen von Demokratie in Anführungszeichen. Dazu gehört auch die häufig auftauchende Behauptung, nur Satire zu machen. Durch Ironie und Dauerspott signalisieren Rechtspopulist*innen immer wieder, dass sie mit »den Anderen« nicht respektvoll diskutieren wollen – sondern sie leidenschaftlich verachten.

Aneignung und Umdeutung

Um ihre radikale Politik zu verschleiern, eignen sich Rechtspopulist*innen immer häufiger demokratische Begriffe an. Sie bezeichnen sich selbst als »bürgerlich«, »konservativ«, »die Mitte«. Nachdem sie ihre menschen- und demokratiefeindlichen Positionen salonfähig gemacht haben, wollen sie nun regierungsfähig werden und ihre Politik in die Tat umsetzen. Wenn Rechtspopulist*innen an die Macht kommen, werden sie aber nicht weniger radikal. **Selbstverharmlosung** ist also nicht das Ende der rechtspopulistischen Diskursverschiebung, sondern ihr vorläufiger Höhepunkt.

Aber die rechtspopulistische Diskursverschiebung funktioniert eben nicht nur durch rhetorische Strategien, sondern auch, weil viele Menschen aktiv mitmachen – oft unbewusst und ohne böse Absicht. Die Gift-Metapher führt darum spätestens in die Irre, wenn es um den *Umgang* mit rechtspopulistischer Sprache geht: Wenn wir bei uns selbst oder bei anderen rechtspopulistische Sprache bemerken, reicht es *nicht* aus, sie in den Giftschrank zu sperren oder Dritte zu verdächtigen. Es gibt kein einfaches Gegengift, sondern bedarf konstruktiver, radikal höflicher Kritik.

Kapitel 4: Sprich es an – aber wie?

Aber wie funktioniert radikal höfliche Sprachkritik im Alltag? Erinnern wir uns an die Situation in der Gruppe zu Beginn dieses Buchs: Wie reagierst du da konkret? Und was sagst du, wenn dein Gegenüber von »Klimahysterie« oder »Flüchtlingswelle« spricht? Wie erklärst du, dass du einen Begriff unangebracht findest? Was antwortest du, wenn es daraufhin heißt, das sei doch »nur ein Wort« oder wenn die andere Person sich ihre »Sprache nicht verbieten« lassen will? Und was machst du, wenn jemand rechtspopulistische Begriffe in vollem Bewusstsein um deren Wirkung benutzt?

Angemessen reagieren, wenn ein rechtspopulistischer Begriff fällt, ist wichtig – das haben wir in den letzten Kapiteln gesehen. Rechtspopulistische Sprache würdigt Menschengruppen herab und vermittelt ein geschlossenes Weltbild. Sie ist im Alltagsgebrauch angekommen, übt unterschwellig großen Einfluss auf unser Denken und Handeln aus und beeinflusst, wie wir gesellschaftliche Themen wahrnehmen. Im Folgenden geht es deshalb darum, wie du rechtspopulistischer Sprache in verschiedenen Situationen am besten entgegentreten kannst – erst etwas allgemeiner, dann ganz praktisch anhand von fünf Beispielsituationen.

Der Umgang hängt vom Kontext ab!
Wie fast immer, wenn es um Zwischenmenschliches geht, gilt auch für den Umgang mit rechtspopulistischer Sprache im Alltag: **Eine Pauschallösung, die immer klappt, die gibt es nicht!** Klar ist: Einfach ignorieren, ist selten eine gute Idee. So vergibst du die Chance, die andere Person oder Umstehende zum Nachdenken zu bringen – und selbst für diskriminierungsfreies Sprechen einzutreten.

Doch abgesehen davon, sind Situationen zu unterschiedlich für Pauschallösungen. Manchmal kannst du problemlos ein Gespräch über den gefallenen Begriff anfangen, in einer anderen Situation kann das aber komplett nach hinten losgehen. Welche Reaktion angemessen ist, hängt stark davon ab, wie radikal der Begriff ist und ob du dich mit ihm auskennst.

Kein Patentrezept
Weil es viele Möglichkeiten gibt, rechtspopulistischer Sprache entgegenzutreten, sind die Tipps in diesem Buch als Anregung zu verstehen – nicht als starre Anleitung. Idealerweise helfen sie dir, einen Umgang damit zu finden, der zu dir passt.

Das gilt vor allem für persönlich Betroffene: Ob unsere Strategien dir helfen, mit rechtspopulistischer Sprache umzugehen, kannst nur du selbst entscheiden. Vielleicht willst du zusätzliche oder ganz andere Angebote in Anspruch nehmen: Die Organisation https://hateaid.org/ bietet beispielsweise Hilfe für Betroffene von Hate Speech an. Beratungsstellen für Betroffene von Diskriminierung finden sich hier: www.antidiskriminierung.org.

Deine Reaktion hängt auch davon ab, wie dein Verhältnis zu der Person ist. Kannst du einschätzen, was sie will, ob sie Interesse an einer Diskussion hat oder nur provoziert? Es kommt außerdem darauf an, ob die andere Person die Bedeutung des Begriffs kennt oder nicht. Und wenn ja, ob sie den Begriff ganz bewusst, aus Mangel an Alternativen, versehentlich oder aus Gewohnheit benutzt.

Auch weitere Umstände sind natürlich relevant: Seid ihr zu zweit, in einer Gruppensituation oder in der Öffentlichkeit, zum Beispiel im Bus oder im Supermarkt? Bist du selbst betroffen, oder sind Betroffene anwesend? Ist in dem Moment Zeit für ein Gespräch, oder hast du es eigentlich eilig? Seid ihr gerade in ein anderes Gespräch vertieft, oder kam der Begriff eher beiläufig auf?

Gespräch oder Abgrenzung?

Diese Fragen können dir helfen, herauszufinden, ob es sich in einer Situation lohnt, ein Gespräch über den Begriff anzufangen – oder ob es tendenziell besser ist, sich beispielsweise nur abzugrenzen. Hier sind die Faktoren noch einmal zusammengefasst:

	Ein Gespräch könnte möglich sein.
Dein*e Gesprächspartner*in ...	... weiß nicht um die Bedeutung des Begriffs.
	... hat Interesse an dem Thema und an Diskussionen über Sprache.
Du ...	... kannst dir gerade ein Gespräch darüber vorstellen.
	... hast gerade Zeit.
	... kennst dich gut aus mit Thema und Begriff.
Ihr ...	... seht euch regelmäßig.
Umstände	Ihr seid zu zweit.
Der Begriff ...	... ist Teil der Alltagssprache.

Ein Gespräch ist schwieriger, aber nicht ausgeschlossen.	**Ein Gespräch ist sehr schwierig, abgrenzen reicht vielleicht aus.**
... verwendet den Begriff wohl versehentlich oder kennt keine Alternative.	... verwendet den Begriff bewusst und absichtlich.
... findet das Thema Sprache unwichtig oder weiß nicht so viel darüber.	... will eigentlich nur provozieren oder hat sehr radikale Einstellungen.
... hast gerade eher keine Lust auf eine lange Diskussion.	... willst gerade nicht diskutieren.
... hast etwas Zeit.	... hast eigentlich was anderes zu tun.
... kennst dich ein bisschen aus.	... weißt eigentlich nichts über den Begriff.
... seht euch ab und zu.	... seht euch zum ersten und vielleicht letzten Mal.
Ihr seid in einer Gruppe.	Ihr seid in der Öffentlichkeit mit vielen unbekannten Menschen
	... ist sehr radikal.

Wie du siehst, kannst du in den verschiedensten Situationen mit rechtspopulistischer Sprache konfrontiert werden – schon allein, weil einige Wörter so weit in den alltäglichen Sprachgebrauch eingekehrt sind, dass viele Menschen sie beiläufig verwenden. Entsprechend stark unterscheidet sich auch, was gute und weniger gute Reaktionen auf rechtspopulistische Sprache sein können. Die folgenden Beispiele geben eine Vorstellung davon, worauf du in einigen Situationen achten kannst.

Beispiel 1: Beim Gespräch im Auto
Auf dem Rückweg von einer Geburtstagsfeier sitzt du mit Mila, einer Freundin deines Bruders, im Auto. Ihr unterhaltet euch gut, fahrt an Wahlplakaten vorbei und sprecht über bald anstehende Wahlen. Dabei sagt sie: »Seit der Flüchtlingswelle gibt es viel mehr Menschen, die der Angstmacherei glauben, obwohl sie in ihrer Umgebung gar nicht betroffen sind.«

Welcher Begriff wird verwendet und was legt er nahe?
Ihr führt ein gewöhnliches Gespräch über Politik, als Mila den Begriff »Flüchtlingswelle« verwendet. Er ist zwar weit verbreitet, dadurch aber nicht weniger problematisch.

Schon in den 1990er Jahren wurde das Wort im Zusammenhang mit Flüchtenden aus den Balkanstaaten verwendet. Als im Jahr 2015 durch den Krieg in Syrien viele Menschen in Europa Zuflucht suchten, wurde der Begriff von rechten Meinungsmacher*innen wiederentdeckt und von vielen Zeitungen unreflektiert übernommen. So wurde er schnell Teil der Alltagssprache. Mittlerweile verwenden ihn Menschen jeder politischen Gesinnung (ähnlich wie auch »Flüchtlingsstrom« oder »Flüchtlingskrise«).

Das Problematische daran: Menschen, die vor Krieg, Armut oder Verfolgung fliehen und ihre Heimat zurücklassen, um Zuflucht an einem sicheren Ort zu suchen, werden als Naturgewalt bezeichnet. Genauer: Sie werden als »Welle« dargestellt. Und Wellen haben das Potenzial, wegzuschwemmen, was ihnen im Weg steht. Die »Flüchtlingswelle« legt sprachlich also nahe, dass Fliehende die Gesellschaft, in der sie Schutz suchen, »überschwemmen«, also gefährden und zerstören könnten.

Dieses Bild ist verzerrend und deplatziert! Ein beliebtes Beispiel, um das zu verdeutlichen: Kommt zu einer Feier mit 80 Gästen ein weiterer Gast hinzu, so kann er sicherlich stören – wenn er das überhaupt will. Er wird aber sicherlich nicht die ganze (Feier-)Gesellschaft wegschwemmen. Auf die Bundesrepublik übertragen soll jedoch genau das nahegelegt werden. Dabei wurden von 2015 bis Ende 2019 in Deutschland – einem Land, in dem über 80 Millionen Menschen leben – insgesamt nur knapp 1,8 Millionen Asylanträge gestellt. Bewilligt wurden weniger als 50 Prozent (2019 waren es 38,2 Prozent).

Der Begriff »Flüchtlingswelle« stellt jedoch nicht nur Menschen, die auf der Flucht vor Gefahren sind, selbst pauschal als Gefahr dar – und so eine vielfältige Gruppe von Menschen unter Generalverdacht. Er legt auch eine Reaktion auf die schutzsuchenden Menschen nahe, die der Reaktion auf eine Flutwelle entspricht: »dicht machen« oder eine Schutzmauer bauen. Im übertragenen Sinn also: Grenzen schließen, niemanden ins Land lassen, keinen Schutz gewähren.

Doch das Recht auf Asyl ist im Grundgesetz und in der EU-Grundrechtcharta festgeschrieben. Es besteht eine entsprechende Pflicht, die Schutzbedürftigkeit von Geflüchteten individuell zu prüfen. Durch den verallgemeinernden und entmenschlichenden Begriff »Flüchtlingswelle« lässt sich das leicht vergessen.

Wie kannst du reagieren?

Dass Mila den Begriff nutzt, liegt vermutlich an seiner Verbreitung. Vor dem Hintergrund ihrer restlichen Aussage ist es unwahrscheinlich, dass ihr die Wirkung des Begriffs bewusst ist. Vermutlich hat sie ihn also verwendet, weil ihr auf die Schnelle keine Alternative eingefallen oder weil ihr die mitschwingende Botschaft gar nicht bewusst ist. Wie kannst du dennoch thematisieren, dass du den Begriff unpassend findest, um die Migration nach Deutschland seit 2015 zu beschreiben?

Da ihr euch nicht gut kennt, könnte es schwierig sein, sie unmittelbar darauf anzusprechen. Das kann konfrontativer wirken als nötig, selbst wenn es nicht so gemeint ist. Stattdessen könntest du das Gespräch zunächst fortsetzen, ohne dabei selbst den Begriff »Flüchtlingswelle« zu verwenden.

Später kannst du dann noch mal auf den Begriff zu sprechen kommen: »Mir ist vorhin aufgefallen, dass du von der sogenannten ›Flüchtlingswelle‹ gesprochen hast. Das wird zwar mittlerweile überall gesagt, trotzdem mag ich den Begriff nicht. Denn du hast recht: Viele Menschen glauben der Angstmacherei, obwohl sie nicht betroffen sind. Aber der Begriff ›Flüchtlingswelle‹ verstärkt die Angstmache noch, indem er Asylsuchende als gefährliche Welle beschreibt – obwohl sie selbst auf der Flucht vor Gefahren sind und auf der Suche nach Schutz. Ich finde es wichtig, da andere Begriffe zu nutzen, gerade um sich auch sprachlich von dieser Angstmacherei abzugrenzen.«

So hast du ein Gespräch über den Begriff begonnen, ohne dabei einen Vorwurf zu formulieren. **Vielmehr bleibst du bei *deinen* Empfindungen** und kannst weiter sachlich erklären, was das Wort noch alles nahelegt und was du daran unpassend findest.

Um sicherzugehen, dass Mila sich von deinem Einwand nicht angegriffen fühlt, könntest du betonen, dass das Wort von vielen Menschen verwendet wird, ohne über die unterschwellige Bedeutung nachzudenken. Und dass es deswegen umso wichtiger ist, Alternativen zu finden, um die versteckten Schlussfolgerungen des Begriffs nicht weiter zu verbreiten.

Es kann natürlich auch sein, dass Mila die Bedeutung des Begriffs kennt, ihr aber keine andere Formulierung eingefallen ist. Dann könnt ihr gemeinsam überlegen, wie ihr den Begriff sinnvoll umschreiben könnt: »Seitdem viele Menschen aus Syrien in Deutschland Schutz vor dem Krieg suchen« ist zwar länger, legt dafür aber den Fokus auf die Einzelschicksale der Geflüchteten statt eine angebliche Gefahr heraufzubeschwören. Deine eigene Sicht auf das Thema kannst du so vermutlich besser zum Ausdruck bringen.

Beispiel 2: Sprüche gegen Klimaschutz

Du bist mit deinem Cousin Marius unterwegs. Erst quatscht ihr über eure nächsten Reiseziele, dann erzählst du ihm, dass du aus Klimaschutzgründen planst, erst mal nur noch mit dem Zug in den Urlaub zu fahren. Marius lacht darüber und sagt: »Ach, jetzt fängst du auch mit der Klimahysterie an?«

Welcher Begriff wird verwendet und was legt er nahe?
Marius spricht von »Klimahysterie« – auch ein Begriff, der in den 1990er-Jahren auftauchte. Im Jahr 2019 hielt er dann schnell Einzug in Alltagsdebatten. Marius benutzt ihn, um sich darüber lustig zu machen, dass du deinen Urlaub ressourcenschonend planst. Allgemein wird (und wurde) der Begriff verwendet, um angeblich unverhältnismäßige Reaktionen auf die menschengemachte Erderwärmung zu beschreiben.

Doch »Klimahysterie« beschreibt Debatten und Anstrengungen zum Schutze des Klimas nicht einfach nur als unverhältnismäßig – **sie werden als aufgeregte und heftige Überreaktion verunglimpft.**

Der Begriffsteil »Hysterie« ist dabei entscheidend. Er bezeichnete in der Psychiatrie lange eine konstruierte Persönlichkeitsstörung: Unter dem Krankheitsbild »Hysterie« wurden Symptome zusammengefasst, für die heute verschiedene Fachausdrücke verwendet werden. Die Diagnose erhielt, wer unter anderem als geltungsbezogen und unreif galt. Daran anschließend werden noch heute umgangssprachlich Menschen als »hysterisch« bezeichnet, die – tatsächlich oder in den Augen der sprechenden Person – durch besondere Theatralik auffallen.

Gesetzesänderungen anzustoßen oder umzusetzen, die zu einem deutlich geringeren CO_2-Ausstoß führen? Das erscheint durch »Klimahysterie« nicht wie eine angemessene Reaktion auf eine der drängendsten Fragen unserer Zeit, sondern wie eine aktionistische oder theatralische Überreaktion. Dass die menschengemachte Erderwärmung wissenschaftlich bestens nachgewiesen ist, eng mit dem CO_2-Gehalt in der Atmosphäre zusammenhängt und die Zukunftsprognosen bei ausbleibenden Maßnahmen verheerend sind? Auch das verschwimmt, wenn Klimaschutz und Debatten darüber als haltlose und überzogene »Klimahysterie« abgetan werden.

Und der Begriff schürt noch eine weitere Assoziation: Lange wurde nämlich (fälschlicherweise!) davon ausgegangen, dass das mit »Hysterie« beschriebene Krankheitsbild nur Frauen betreffe. Auch darum werden in Diskussionen bis heute vor allem junge Frauen als »hysterisch« diskreditiert – und zwar vor allem dann, wenn sie besonders stichhaltige Argumente vorbringen.

Dass sich der Begriff »Klimahysterie« somit gezielt gegen Greta Thunberg richten soll – immerhin eine der zentralen Figuren im Kampf um verstärkten Klimaschutz –, ist nicht weit hergeholt. Dass damit zusätzlich noch auf ihr Asperger Syndrom angespielt und sie so auf völlig zusammenhanglose Weise angegriffen wird, zeigt die Schärfe, mit der die Klimadebatte von Rechtspopulist*innen geführt wird.

Wie kannst du reagieren?
Du bist irritiert – eigentlich kennst du Marius gut. Meint er das ernst, oder ist das nur scherzhaft gemeint? Weil du dir unsicher bist, kannst du nachfragen, auch um etwas Zeit zu gewinnen: »Was für eine Klimahysterie? Wie meinst du das?«

Wenn Marius daraufhin sagt, er habe das als Spaß gemeint, kannst du antworten: »Klar, nur ein Wort, nur ein Witz. Aber manche Wörter finde ich nicht so cool, weil sie Zusammenhänge merkwürdig beschreiben. Und bei ›Klimahysterie‹ ist das so: Bei dem Wort komme ich mir blöd vor, weil es andeutet, es sei lächerlich und übertrieben, wenn man irgendwas gegen eines der größten Probleme auf diesem Planeten machen will. Ich meine, bei der Finanzkrise hast du doch auch nicht von einer ›Bankenrettungshysterie‹, bei der Corona-Krise nicht von einer ›Virushysterie‹ gesprochen, oder?«

In deiner Antwort bist du bei dir geblieben und hast an deinen eigenen Erfahrungen erklärt, was dich an dem Wort stört. Das war ehrlich und wirkt souverän, weil du so überzeugend **rüberbringst, weshalb dir das Thema wichtig ist**.

Es kann sein, dass Marius darauf trotzdem antwortet: »Is' ja gut, aber ist nur ein Wort, halb so wild. Komm mal runter.« Daraufhin kannst du noch mal an dem Beispiel erklären, warum dir Sprache und Wortwahl so wichtig sind und auf die Gefahr dauernder Wiederholung rechtspopulistischer Begriffe eingehen: »Klar, ich weiß. Aber ich find's wichtig, keine Wörter zu benutzen, die Dinge auf eine Art beschreiben, der ich nicht zustimme. ›Klimahysterie‹ lenkt die Gedanken eben in die Richtung, dass Klimaschutz Quatsch wäre. Und je öfter du das hörst, desto leichter passiert es, dass du irgendwann daran glaubst, ohne richtig darüber nachzudenken.«

Damit hast du Sprache endgültig zum Thema gemacht. Wenn du das Gefühl hast, Marius hat dir zugehört, kannst du noch genauer werden: »Ich finde es deshalb wichtig, eher Wörter zu benutzen, die eine Situation so beschreiben, wie ich sie auch selbst wahrnehme und bewerte. Ich sag' zum Beispiel mittlerweile immer ›Klimakrise‹ und nicht mehr ›Klimawandel‹. Weil ich finde, dass es wichtig ist, etwas dagegen zu unternehmen. Und Klimawandel klingt für mich gar nicht nach einem Problem, sondern nach irgendwas, was sich im Zweifel auch selbst löst. Klimakrise ist da viel konkreter und klingt nach etwas, das angepackt werden muss.«

Wenn Marius dir nach deiner Erklärung selbst Manipulation vorwirft, kannst du entgegnen, dass Sprache und Wörter immer manche Aspekte betonen und so eine Perspektive auf das Thema eingenommen wird (***siehe Kasten auf S. 33***): »Das Gleiche passiert ja auch, wenn ich Klimawandel statt Klimakrise sage – nur umgekehrt. Gerade wenn du über Politik sprichst, nimmst du automatisch einen bestimmten Blickwinkel ein. Das lässt sich gar nicht vermeiden. Deshalb geht es mir darum, die Bedeutung und Wirkung von Begriffen, die ich verwende, auch zu verstehen – **um dann bewusst Wörter zu verwenden, mit denen ich meine Sichtweise gut ausdrücken kann.**«

Es kann auch sein, dass Marius schon auf deine ursprüngliche Nachfrage, was er denn mit »Klimahysterie« meine, abweisend reagiert und sagt: »Ach, jetzt willst du mir auch noch meine Sprache verbieten? Ich benutze die Wörter, die ich will.« Darauf kannst du mittlerweile gelassen antworten (***siehe Kapitel 1***): »Nein, ich will dir nichts verbieten. Klar darfst du die Wörter benutzen, die du willst. Aber ich darf dir auch erklären, dass ich manche Wörter unpassend finde.«

Sollte dich Marius von Beginn an überraschen und tatsächlich argumentieren, dass die Klimaschutzmaßnahmen und -bemühungen überzogen seien, ergibt sich eine andere Situation. Auch dann kannst du den Begriff zwar als Aufhänger nutzen, um zu erklären, was du anders siehst. Aber wenn ihr inhaltlich so weit voneinander entfernt seid, solltest du erst mal grundsätzlich erklären, warum du Klimaschutzbemühungen keineswegs für überzogen hältst, sondern vielleicht sogar für stark ausbaufähig. Dass du das

Wort »Klimahysterie« unpassend findest, wird dann früher oder später auch zur Sprache kommen.

Beispiel 3: Ein Witz in der Mensa

Mittags gehst du mit einigen Freund*innen in die gut besuchte Mensa. Nachdem ihr in der Schlange lange auf euer Essen warten musstet, setzt ihr euch endlich an euren Lieblingsplatz am Fenster. Dein Kumpel Chris witzelt: »Wenn die Kapazitäten erschöpft sind, braucht's halt 'ne Obergrenze. Wenn das die Merkel hinbekommt, sollten die das bei der Mensa auch hinkriegen.«

Welche Begriffe werden verwendet und was legen sie nahe?

Chris benutzt die Begriffe »Kapazitäten« und »Obergrenze«, um damit zwei nur oberflächlich betrachtet ähnliche Zustände zu beschreiben: den in der Mensa und den in Deutschland. Dabei haben die Situationen so gut wie nichts gemeinsam.

Aber eins nach dem anderen: Beide Begriffe lassen einen an ein Behältnis denken, das ein bestimmtes, feststehendes Volumen hat, sei es ein Glas, ein Eimer oder ein Fass. Behältnisse sind voll oder nicht voll, abhängig von Größe und Inhalt. Menschliche Entscheidungen spielen für die tatsächliche Füllmenge keine Rolle.

Auf die Mensa-Situation mögen die Begriffe noch halbwegs passen: Je nach Sitzplätzen, Vorräten und Stoßzeiten kann eine Mensa mehr oder weniger ausgelastet sein und irgendwann an die Grenze ihrer Kapazität stoßen.

Für Länder aber gibt es keine natürlichen Kapazitäten oder Obergrenzen! Deshalb passen die beiden Begriffe in dem Zusammenhang auch ganz und gar nicht. Insbesondere passen sie nicht bei Einwanderungszahlen wie in den vergangenen Jahren in Deutschland – erinnern wir uns an die Feier mit 80 Personen, zu der noch eine Person hinzustößt. Und noch weniger passen sie bei der Maximalzahl an (Netto-)Einwanderungen, die im Jahr 2018 unter dem Begriff »Obergrenze« diskutiert und festgelegt wurde – nämlich 180 000 bis 220 000 Menschen pro Jahr. Das entspricht *einer* neuen Person auf 400 Personen der Gesamtbevölkerung. Dabei von einer Kapazitätsgrenze zu sprechen, ist absurd.

Die Begriffe »Obergrenze« und »Kapazitäten« lassen uns also an Gefäße denken, die eine natürliche, feststehende und maximale Füllmenge haben. Menschen, so legen die Begriffe nahe, haben keinen Einfluss auf diese Menge. Doch in Wirklichkeit sieht es anders aus: **Wie vielen Menschen ein Land Zuflucht gewährt, ist eine von Menschen getroffene, politische Entscheidung.**

Hinzu kommt: Bei der Entscheidung über Einwanderungszahlen geht es nicht um Wasser, Mehl oder Sonnenblumenkerne. Vielmehr geht es um Individuen, die auf der Suche nach Schutz sind. Die Begriffe legen somit nicht nur natürliche Barrieren nahe, wo es keine gibt. Sie lenken darüber hinaus die Aufmerksamkeit weg von Menschen in Notsituationen und entmenschlichen so die Debatte um Flucht und Asyl.

Wie kannst du reagieren?

Trotz der in diesem Zusammenhang problematischen Bedeutung sind die Begriffe weit verbreitet. Eine aufgeregte Reaktion vor der ganzen Gruppe ist deshalb eher übertrieben. Gut möglich, dass du damit auf Unverständnis stoßen würdest.

Stattdessen könntest du, falls dir auf die Schnelle etwas einfällt, den Witz erst mal weiterspinnen: »Genau, und wer keine gute Begründung für seinen Hunger hat, wird abgewiesen und bekommt nichts!« Das heißt nicht, dass du die Situation dadurch vergessen sollst. Aber indem du zunächst humorvoll reagierst, bist du anschließend in einer besseren Position, um ernsthaft über die Begriffe zu sprechen.

Du könntest fortfahren: »Aber im Ernst, ich finde die Wörter ›Obergrenze‹ und ›Kapazität‹ nicht so cool, um damit über Migration zu sprechen. Über die Mensa? Okay, das geht noch, die ist wirklich irgendwann voll. Aber über Länder? Das passt nicht. Es ist eine politische Entscheidung, wie vielen Menschen Deutschland Asyl gewährt und nicht durch eine angeblich natürliche Grenze vorgegeben. Selbst die Frage, wie viele Menschen in unserem Asylsystem versorgt werden können, hängt von der bereitgestellten Infrastruktur ab – was wieder eine politische Entscheidung ist. Ein Land ist also nicht irgendwann voll, schon gar nicht bei den Einwanderungszahlen, die wir momentan haben.«

Wie so ein Vorstoß in der Runde ankommt, hängt natürlich von den anwesenden Personen ab. Was du so aber geschafft hast, ist, überhaupt eine **Ebene zu finden, um über Sprache und Begriffe zu sprechen**. Und zwar, ohne dabei Chris an den Pranger zu stellen, weil er einen bestimmten Begriff verwendet hat und auch, ohne dabei gleich als Besserwisser*in dazustehen.

Auch wenn dir kein guter Spruch eingefallen ist, ist es deshalb besser, die Begriffe nicht unmittelbar zu thematisieren, sondern erst etwas Zeit vergehen zu lassen, bevor du noch mal darauf zurückkommst. So könntest du später in die Runde fragen: »Findet ihr die Wörter ›Obergrenze‹ und ›Kapazität‹ eigentlich auch komisch, um damit über Einwanderungszahlen zu sprechen? Ich mag die Wörter bei dem Thema nämlich nicht, weil sie einen glauben lassen, Länder könnten genauso volllaufen wie Kaffeebecher. Dabei entscheiden wir ja, wie vielen wir Schutz geben wollen.

Dass Flüchtende außerdem kein Kaffee sind, sondern Menschen mit krassen individuellen Geschichten, das kommt noch dazu.«

Durch das Warten entkoppelst du das Gespräch über Bedeutung und Wirkung der Begriffe von dem Umstand, dass Chris sie verwendet hat. Die anschließende Diskussion kann natürlich trotzdem kontrovers sein, aber immerhin hast du so versucht, die persönliche Ebene rauszuhalten.

Beispiel 4: »Politisch inkorrekt« zur Hochzeitsfeier

Nach der Hochzeit deiner Cousine machst du dich mit deiner Tante Marlene zu Fuß auf den Weg zur anschließenden Feier. Als ihr an einem Zeitungsstand vorbeilauft, liest sie die Schlagzeile einer Zeitschrift: »Meinungsfreiheit?! Ist sie in Gefahr?« Sie lacht und beantwortet die Frage selbst: »Na klar! Wenn man sagt, wie's ist, kommt die Meinungspolizei und verbietet dir den Mund, weil die Wahrheit nicht ›politisch korrekt‹ ist.«

Welche Begriffe werden verwendet und was legen sie nahe?

Wörtlich genommen gibt es laut Marlene eine staatliche Institution – die »Meinungspolizei« –, die überprüft, wer was sagt und ob das Gesagte »politisch korrekt« ist. Menschen, die etwas Falsches (sprich: »politisch Inkorrektes«) sagen, würden von dieser Institution bestraft. So würden viele aus

Angst vor Bestrafung von der freien Meinungsäußerung abgehalten.

Die Aussage ähnelt dem *in Kapitel 1* diskutierten »Sprachpolizei«-Vorwurf. Vermutlich glaubt auch Marlene nicht, dass es tatsächlich so eine staatliche Institution gibt. Sie scheint aber das Gefühl zu haben, bestimmte Diskussionen oder Aussagen zu verschiedenen Themen seien nicht mehr möglich. Der Ausdruck der »politischen Korrektheit« trägt zu diesem Gefühl bei.

Zunächst, indem er ein berechtigtes Anliegen lächerlich macht: Zwar beschrieb »political correctness« ursprünglich in den USA den Einsatz für sprachliche Gleichberechtigung von Minderheiten. Allerdings wurde er schnell von rechten Vordenker*innen übernommen und ironisiert, um genau diese Bemühungen als penibel und »überkorrekt« darzustellen. Auch in Deutschland wird damit seit den 1990ern **das Eintreten für gerechtere Sprache verspottet**.

Dieses negative Bild von »politischer Korrektheit« hält sich bis heute, wo der Begriff längst in der Alltagssprache angekommen ist und viele in ihm keinen rechten (Kampf-) Begriff mehr erkennen. »Politische *In*korrektheit« wird dagegen als freies, tabuloses Sprechen gefeiert – auf Netflix gibt es sogar eine eigene Kategorie namens »Politisch inkorrekte Stand-up-Comedy«. Wer also für die unpopuläre »politische Korrektheit« eintritt, hat es ohnehin schon schwer.

Doch das Eintreten für gerechteres Sprechen wird nicht nur als »überkorrekt« verspottet. Darüber hinaus ruft die Unterscheidung »korrekt vs. inkorrekt« nämlich Assoziationen zu Schule und Erziehung hervor: Wer für diskriminierungsfreies – also »politisch korrektes« – Sprechen eintritt, wird somit in die Nähe maßregelnder Pädagog*innen gerückt. Es wird ein (Um-)Erziehungsframe aufgerufen.

So entsteht der Eindruck, jede Kritik an diskriminierender Sprache sei der übergriffige und übermotivierte Versuch, »störendes Verhalten« zu untersagen – wie in der Grundschule oder im Kindergarten. Von einem »Sprech- oder Denkverbot« zu fantasieren, wirkt dadurch nicht mehr absurd, sondern wie der nächste logische Schritt.

Genau an dieser Stelle setzt der Begriff der »Meinungspolizei« an. Wenn »politische Korrektheit« bereits dazu führt, dass Kritik und Widerspruch wie Angriffe auf die Meinungsfreiheit wirken, so bringt »Meinungspolizei« diesen Gedankengang zu Ende: Wer für gerechtere Sprache eintritt, will in diesem Bild nicht nur »umerziehen«, sondern Meinungen tatsächlich zensieren und bestrafen.

Letztlich wird der Versuch, sprachliche Unterdrückung zu überwinden, ins Gegenteil verkehrt: Statt ihn als konstruktiven Debattenbeitrag ernst zu nehmen, wird er selbst als Unterdrückungsversuch dargestellt.

Wer also von »politischer Korrektheit« und »Meinungspolizei« spricht, ignoriert gleich mehrere Selbstverständlichkeiten unseres demokratischen Miteinanders: dass Widerspruch und Kritik ein Ausdruck von Meinungsfreiheit sind (und keine Angriffe auf sie); dass es zu demokratischen Diskussionen dazugehört, auch Gegenmeinungen auszuhalten – und so zu sprechen, dass sich alle Menschen angesprochen und sprachlich einbezogen fühlen.

Wie kannst du reagieren?

Marlene scheint zu wissen, was sie sagt. Sie verwendet die Begriffe, um ihre Ansicht zum Thema Meinungsfreiheit auszudrücken. Eine Diskussion mit ihr könnte kompliziert werden. Vielleicht ist es besser, dich nur von dem Gesagten zu distanzieren und ein Gespräch darüber zu verschieben. Falls du aber direkt die Ruhe und Energie dazu hast, kannst du die Zeit auf eurem Weg für ein Gespräch nutzen.

In *Kapitel 1* haben wir gesehen, dass das Thema Sprache und Meinungsfreiheit kompliziert und sensibel ist. Nachdem du tief durchgeatmet hast, bietet es sich deshalb an, erst mal nachzufragen, was genau Marlene eigentlich meint: »Inwiefern siehst du denn deine Meinungsfreiheit in Gefahr? Was darfst du nicht mehr sagen? Und wer verbietet dir das?« So gewinnst du nicht nur etwas Zeit, sondern versuchst außerdem, Marlene besser zu verstehen, während du beim Thema bleibst.

Danach hängt dein weiteres Verhalten von Marlene ab. Reagiert sie gereizt oder provozierend, ist es am sinnvollsten, dich davon klar abzugrenzen und deutlich zu machen, dass du das anders siehst. Eine Diskussion scheint von vornherein zu aufgeladen. Wenn du willst, kannst du trotzdem ein späteres Gespräch anbieten: »Tut mir leid, aber ich verstehe nicht, warum du sagst, deine Meinungsfreiheit wäre eingeschränkt. Nur weil dir widersprochen wird, heißt das nicht, dass du deine Meinung nicht äußern darfst. Aber lass uns dazu wann anders in Ruhe reden, okay?«

Vielleicht zeigt sie sich aber auch gesprächsbereit und erklärt dir auf deine Frage hin genauer, was sie meint. Möglicherweise denkt sie wirklich, dass sie in ihrer Meinungsfreiheit eingeschränkt wäre, weil sie oft kritisiert wird – für das, was sie sagt und wie sie es sagt. Dann solltest du auch hier erst erklären, dass Meinungsfreiheit nicht vor Kritik und Widerspruch schützt: »Selbst wenn jemand deine Wortwahl kritisiert, hat das nichts mit einer ›Meinungspolizei‹ zu tun. Du darfst ja sagen, was du denkst. Aber andere Personen dürfen dich dafür auch kritisieren, und du musst ihre Ablehnung dann in Kauf nehmen, wenn es sie verletzt.«

Wichtig dabei ist es, **ruhig und sachlich zu bleiben** und deine Tante **nicht persönlich anzugreifen** – andernfalls lässt sie vermutlich schnell die Scheuklappen herunter und hört gar nicht mehr zu. Es kann auch helfen, eine Brücke zu bauen, indem du ihr bei einigen Aspekten zustimmst: zum Beispiel darin, dass Kritik an der Wortwahl einer Person leicht wie ein Sprechverbot *wirkt* oder als solches *wahrgenommen wird*. Das ändert aber nichts daran, dass es keines ist.

Wenn Marlene sich offen dafür zeigt, kann das Gespräch auch weitergehen und sich nicht nur auf das Thema Meinungsfreiheit beschränken. Auf die Eingangsfrage, inwiefern sie ihre Meinungsfreiheit eingeschränkt sieht, wird Marlene konkret werden müssen. Vielleicht erwidert sie etwas über »linke Meinungsmache« oder Probleme mit Geflüchteten, die nicht angesprochen werden dürften.

Daraufhin kannst du eine Diskussion starten und auf das Thema eingehen. Indem du Gesprächsbereitschaft zeigst, entkräftest du ja das Argument, Dinge dürften nicht gesagt werden. Du zeigst, dass dir ein respektvoller Austausch von Argumenten wichtig ist.

Wenn Marlene aber pauschalisierend und beleidigend wird, kannst du das natürlich ansprechen. Du kannst näher darauf eingehen, *warum* es Grenzen der Meinungsfreiheit gibt: »Manche Wörter oder Aussagen sollte man wirklich nicht sagen – nämlich Dinge, die andere Menschen oder Personengruppen beleidigen oder diffamieren. Wenn du das in aller Öffentlichkeit sagst, kannst du dafür sogar bestraft werden.«

Gut möglich, dass Marlene entgegnet, dass man diese Sachen »erst heutzutage nicht mehr sagen darf«. Als Antwort kannst du versuchen, das einzuordnen: »Nein, das war vor zwanzig und fünfzig Jahren auch nicht okay, nur haben das damals viele Menschen trotzdem gemacht, weil sich niemand beschwert hat.«

Zusätzlich kannst du erklären, warum du es wichtig findest, dass wir als Gesellschaft versuchen, uns so auszudrücken, dass niemand beleidigt, ausgeschlossen und vernachlässigt wird: »Das, was du ›politische Korrektheit‹ nennst, schützt die Meinungsfreiheit sogar! Sonst würden diejenigen, die ständig beleidigt oder sprachlich vernachlässigt werden, sich nicht mehr trauen, an Diskussionen teilzunehmen – aus Angst vor solchen Beleidigungen oder aus Resignation. Und dann wäre die Meinungsfreiheit dieser Personen tatsächlich eingeschränkt. Es sagt dir also niemand, ›so darfst du nicht reden‹, sondern nur, ›so reden ist doof‹. Das ist kein unterdrückendes ›Sprechverbot‹, sondern der Versuch, die sprachliche Unterdrückung einiger Gruppen zu bekämpfen.«

Ob Marlene mit diesem Argument direkt etwas anfangen kann, kannst du nicht wissen. Aber wenn du so weit kommst, hast du sie immerhin mit deiner Perspektive konfrontiert und ihr erklärt, warum du ihre Sichtweise und ihre Wortwahl nicht teilst. Das ist ein guter Anfang – und idealerweise hast du das erreicht, ohne einen Streit vom Zaun zu brechen.

Beispiel 5: Stammtischparole an der Bushaltestelle

Du stehst an der Bushaltestelle und wartest. Auf der Bank unterhalten sich ein älterer Mann und eine ältere Frau. Der Mann zeigt auf die Zeitung, die er in der Hand hält, und sagt laut: »Ach, die Altparteien wollen doch sowieso alle das Gleiche. Die stecken doch unter einer Decke.«

Welcher Begriff wird verwendet und was legt er nahe?

Der Mann spricht von »Altparteien«, die angeblich gemeinsame Sache machen, also die gleichen politischen Forderungen und Positionen haben. Das Wort »Altparteien« wurde schon von Joseph Goebbels in der Gründungsphase des Nationalsozialismus verwendet, um Hitlers damals neu gegründete NSDAP von Parteien mit längerer parlamentarischer Tradition abzugrenzen.

In den 1980er-Jahren bezeichneten auch die damals neu gegründeten Grünen vereinzelt die schon im Parlament vertretenen Parteien als »Altparteien«. Auch andere junge und aufstrebende Parteien (wie beispielsweise die Piraten) benutzten teilweise den Begriff, um sich als Alternative zu positionieren.

Aktuell fällt der Begriff vor allem im Umfeld der AfD –

und das bei nahezu jeder Gelegenheit in hoher Frequenz. Mitglieder wie Unterstützende beschreiben damit alle übrigen Parteien, die schon vor der AfD im Bundestag saßen, von den Linken über die Grünen, SPD, FDP und CDU bis hin zur CSU.

Der Begriff stellt die bezeichneten Parteien durch das vorangestellte »Alt-« nicht nur als verbraucht und verstaubt dar, **er baut so auch eine Distanz zu ihnen auf**. Wer das Wort verwendet, möchte sich selbst im Kontrast dazu als neu und frisch darstellen.

Schon die Selbsteinordnung der AfD als unverbrauchte Alternative im Gegensatz zu den »etablierten« Parteien mutet mittlerweile merkwürdig an. Immerhin ist die Partei im Bundestag und in allen Länderparlamenten vertreten, faktisch also längst unter den »Etablierten« angekommen.

Problematisch an dem Begriff ist nicht nur die Abwertung anderer Parteien mit längerer Tradition. Das Problem liegt vielmehr in der damit einhergehenden **Vereinheitlichung der anderen Parteien** und insbesondere in der **dauerhaften Wiederholung des Begriffs**. Indem andere Parteien wieder und wieder in einen Topf gesteckt werden, entsteht nämlich allmählich der Eindruck, sie seien tatsächlich eine ununterscheidbare Masse (***siehe Kapitel 3***). Die Individualität der Parteien und ihrer Mitglieder wird dadurch sprachlich unkenntlich gemacht.

Tatsächlich unterscheiden sich die Programme, das Personal und die Wähler*innen demokratischer Parteien jedoch erheblich und teilweise grundsätzlich. So klafft beispielsweise zwischen Linkspartei und CSU ein immenser Graben.

Indem der Begriff und seine konsequente Verwendung diese Differenzen jedoch sprachlich ignoriert, schafft er subtil die Grundlage für einen im rechten Spektrum weit verbreiteten Verschwörungsmythos. Demnach stecken alle »Eliten« unter einer Decke – ganz wie es auch der Mann an der Bushaltestelle äußert. Die mit »Altparteien« angedeutete Verschwörung ist zudem zentraler Anknüpfungspunkt für diverse weitere Verschwörungsmythen. All jene, die voraussetzen, »Machteliten« würden gemeinsame Pläne verfolgen.

In diesem Zusammenhang betrachtet wird klar, dass die gebetsmühlenartige Wiederholung des Begriffs nur die bürgerlich wirkende Vorstufe zu radikaleren Begriffen wie »*System*parteien« oder »*Kartell*parteien« ist. Begriffe, die der zentrale rechtspopulistische Verschwörungsmythos – »die da oben« gegen »das Volk« – nicht mehr nur subtil andeuten, sondern sie explizit machen (siehe auch *Glossar*).

Der Begriff »Altparteien« ist also **Ausgangspunkt für radikalere Ideologien**: Nicht jede Person, die ihn verwendet, ist Anhänger*in rechten Gedankenguts – dafür ist der

Begriff mittlerweile zu weit verbreitet. Trotzdem legt er die sprachliche Grundlage, um (rechte) Verschwörungsmythen plausibel erscheinen zu lassen.

Wie kannst du reagieren?
An der Bushaltestelle mit einer fremden Person ein ausführliches Gespräch über seine Wortwahl anzufangen, ist fast unmöglich. Herkunft und Wirkung des Begriffs zu beschreiben, würde vermutlich zu lange dauern. Unwahrscheinlich, dass der Sprecher und Umstehende dir bis zum Ende zuhören würden.

Trotzdem ist es wichtig, das Gesagte nicht unwidersprochen stehen zu lassen. Es gilt deshalb, deinen Widerspruch knapp und deutlich zu äußern. Auch in dieser Situation kannst du es zunächst mit Humor versuchen, um die Absurdität der Aussage klar zu machen: »Aha, Horst Seehofer und Katja Kipping stecken unter einer Decke ... interessant!«

Auch wenn dir auf die Schnelle nichts Schlagfertiges einfällt, kannst du nüchtern, aber mit ähnlichem Inhalt reagieren: »Mit Altparteien meinen Sie also alle Parteien von CSU bis zu den Linken? Und die machen gemeinsame Sache? Das glauben Sie doch nicht ernsthaft. Die widersprechen sich am laufenden Band bei allen Themen.«

Im Grunde hast du mit beiden Reaktionen schon ausreichend klargemacht, dass du mit der Aussage nicht einverstanden bist. Falls du noch deutlicher werden willst und auch die Wortwahl ansprechen möchtest, sei dir darüber bewusst, wer deine Hauptadressat*innen sind: Der Mann wird sich in dieser Situation kaum auf deine Argumentation einlassen und dir vermutlich nicht mal ernsthaft zuhören – dafür ist die Situation an der Bushaltestelle zu konfrontativ. In diesem Fall versuchst du also eher, mit deinem Widerspruch die Umstehenden zu erreichen und sie mit deiner Sichtweise zu konfrontieren.

Und diese Umstehenden hören dir am ehesten zu, wenn du selbstbewusst und mit ruhiger Stimme weitersprichst: »Übrigens: Das ist nicht nur inhaltlich falsch. Auch den Begriff ›Altparteien‹ finde ich problematisch, weil schon darin die grundlegenden Unterschiede zwischen extrem verschiedenen Parteien sprachlich verschwinden. Dadurch bildet der Begriff die sprachliche Grundlage für all die Verschwörungsmythen, die behaupten, irgendwelche angeblichen ›Eliten‹ würden sich gegen ›das Volk verbünden‹.«

Selbst, wenn dein Einwand nicht direkt Zustimmung finden sollte, hast du damit womöglich trotzdem die ein oder andere umstehende Person zum Nachdenken gebracht.

Kapitel 5: Radikal höfliches Sprechen

Diskursverschiebung, Sprachverrohung, Salonfähigkeit von Hass und Hetze: Es gibt viele Namen für die seit Jahren spürbare Ausbreitung menschen- und demokratiefeindlicher Sprache. Dieses Buch hat zum Ziel, für rechtspopulistische Sprache zu sensibilisieren und dazu zu ermutigen, ihr konsequent und alltagstauglich entgegenzutreten.

Das Weltbild, das mit der rechtspopulistischen Sprache transportiert wird, ist mit einem friedlichen, vielfältigen und freien Miteinander nicht vereinbar. Statt die Verschiedenheit von Menschen anzuerkennen und Stärke daraus zu ziehen, wird eine angeblich einheitliche Gruppe zur Norm erklärt und überhöht, um andere herabzuwürdigen, auszugrenzen und anzugreifen.

Glücklicherweise erheben immer mehr Menschen ihre Stimme für eine Gesellschaft, in der dieses Weltbild keinen Platz hat. Es ist ermutigend zu sehen, wie sich Menschen verschiedener politischer Lager auf Social Media (#ichbinhier) oder auf der Straße (»Wir sind mehr« oder #unteilbar) teilweise spontan zusammentun, um gemeinsam für demokratische Werte einzustehen.

Die Probleme aber, die mit der Ausbreitung rechtspopulistischer Sprache sichtbar werden, gehen tiefer. Rassismus, Antisemitismus, Sexismus, Klassismus, Behindertenfeindlichkeit und andere Diskriminierungsformen sind leider stärker in unserer Gesellschaft verbreitet als viele es wahrhaben wollen.

Für Betroffene ist das keine Neuigkeit, denn sie erfahren schon ihr ganzes Leben, was es bedeutet, sprachlich ausgegrenzt und herabgewürdigt zu werden. Für Nicht-Betroffene aber wird durch die rechtspopulistische Diskursverschiebung der vergangenen Jahre vielleicht zum ersten Mal klar, welchen alltäglichen Nährboden gruppenbezogene Menschenfeindlichkeit hat.

Die derzeit erhöhte Aufmerksamkeit für rechtspopulistische Sprache ist wichtig! Denn um sprachlicher Hasskriminalität und Diskriminierung nachhaltig den Boden zu entziehen, sind verschiedene Strategien erforderlich: einerseits politische und juristische Maßnahmen, andererseits eine breite Auseinandersetzung damit, was es bedeutet, öffentlich und demokratisch miteinander zu sprechen.

So ist vielen der sprachlichen Grenzüberschreitungen, die seit einigen Jahren in aller Öffentlichkeit zu erleben sind, mit einfachem Widerspruch nicht mehr beizukommen. Für sie gibt es konkrete Gesetze, die die Meinungsfreiheit aus guten Gründen einschränken. Auch im Internet müssen all die Beleidigungen, Verleumdungen, Bedrohungen und Volksverhetzungen, die unter dem Sammelbegriff

»Hate Speech« gefasst werden, noch viel konsequenter angezeigt, verfolgt und bekämpft werden. Denn dort werden täglich Menschen angegriffen, die online Gehör und eine Gemeinschaft finden. Es darf nicht der Eindruck stehen bleiben, dass ein falsches Verständnis von Meinungsfreiheit systematisch missbraucht werden kann.

Andere Herausforderungen betreffen unser eigenes Sprechen und das von Menschen in unserem Umfeld. Genau wie wir alle häufig unbewusst rechtspopulistische Begriffe benutzen, ohne das Weltbild dahinter zu teilen, ist unsere Sprache voll von pauschalisierenden, diskriminierenden Ausdrücken. Sie sind vielleicht nicht immer auf den ersten Blick erkennbar, aber transportieren unterschwellig eine Menge problematischer Wertungen.

Rechtspopulistischer Sprache radikal höflich *entgegen*zutreten, das bedeutet darum im besten Fall, **sich auch *für* ein diskriminierungsfreies Sprechen einzusetzen**. Es geht dabei nicht nur darum, den Einfluss rechtspopulistischer Sprache einzudämmen – sondern auch darum, den so gewonnenen Raum konstruktiv zu nutzen und ein gemeinsames, respektvolles Sprechen zu entwickeln.

Es ist normal und vollkommen okay, dabei »Fehler« zu machen, denn eine einfache Antwort auf die Frage, wie dieses Sprechen klingt, gibt es nicht. Aber es gibt eine Reihe von Tipps, die wir beherzigen können, wenn es uns wichtig ist, mit anderen Menschen gleichberechtigt *und* diskriminierungsfrei zu sprechen.

Sprich es an!

Der erste Schritt, wenn du dich unwohl mit dem Sprachgebrauch anderer fühlst, heißt immer: Sprich es an! Mach Sprache zum Thema. Wenn du das Gefühl hast, einen Begriff hinterfragen oder kritisieren zu müssen, hab keine Scheu davor. Es gibt, wie du in diesem Buch gesehen hast, gute und wichtige Gründe dafür, sich mit Sprache auseinanderzusetzen.

Klar: Situationen sind verschieden. Deine Reaktion kann je nach Radikalität des Begriffs, deiner Beziehung zur Person und weiteren Umständen variieren. Manchmal ist es wichtig, konsequent einzuschreiten und der Verwendung eines Begriffs deutlich zu widersprechen (wie beim Mann an der Bushaltestelle). Oft gilt es aber auch, vorsichtig und sensibel für die Situation und dein Gegenüber zu sein (wie bei Mila im Auto).

Wie es weitergeht, nachdem du einen problematischen Begriff angesprochen hast, ist immer offen. In jedem Fall aber hast du **den ersten Schritt gemacht** und die Grundlage dafür geschaffen, dass sich am Gebrauch dieses Begriffs hoffentlich etwas ändert.

Hör hin!
Um einen problematischen Begriff ansprechen zu können, ist es natürlich wichtig, ihn überhaupt als problematisch zu erkennen (wie bei »Obergrenze« oder »politischer Korrektheit«). Dafür kann es helfen, sich die Mechanismen des rechtspopulistischen Sprachkreises (***siehe Kapitel 3***) vor Augen zu führen. Im ***Glossar*** werden außerdem Gebrauch und Wirkung einiger Begriffe genauer betrachtet. Das ist eine gute Grundlage für die weitere Auseinandersetzung mit verschiedenen Begriffen.

Was alternative Formulierungen angeht, gibt es zum Glück Leitlinien, die uns Orientierung geben. Die Bezeichnungen, die sich Angehörige unterdrückter Gruppen selbst gegeben haben (beispielsweise Black, Indigenous & People of Color, kurz: BIPOC), sind immer eine gute Richtlinie. Sie zu verwenden, ist eine Grundlage dafür, diesen Menschen auf Augenhöhe zu begegnen (***siehe Kapitel 1***). Wir erkennen damit an, dass sie Erfahrungen gemacht haben, die sie mit anderen Gruppenangehörigen verbinden. Die Erfahrungen sind ein wichtiger Teil ihrer Identität! Sie können positiv, negativ und widersprüchlich sein – in jedem Fall sind es Erfahrungen, die Menschen, die nicht der jeweiligen Gruppe angehören, nicht machen.

Unterstützung findest du auch online, zum Beispiel im Glossar der Neuen Deutschen Medienmacher*innen.

Eine weitere Möglichkeit, Ungerechtigkeiten abzubauen, bietet uns die Sprache selbst. Wir können ihr kreatives Potential nutzen, sie dehnen, schütteln und neu erfinden (siehe zum Beispiel hier: geschicktgendern.de). Und es lohnt sich, mutig zu sein. Nach ein paar Tagen gendergerechtem Sprechen ändern sich nicht nur die Reaktionen deiner Mitmenschen darauf, sondern auch dein Denken und dein Blick auf die Welt.

Versuche also, Wörter zu verwenden, die **keine ungewollten Assoziationen hervorrufen**. So reduzierst du die Wahrscheinlichkeit, missverstanden zu werden. Radikal höfliches Sprechen beginnt damit, dass du dir Gedanken über die Wirkung deines Sprechens machst. Dafür musst du keine Sprachwissenschaften studiert haben. Wenn du nicht sicher bist, wie du etwas formulieren kannst oder wie Betroffene angesprochen werden möchten: Frag nach und hör zu! Falls du selbst von jemandem auf einen Begriff angesprochen wirst, tu es nicht ab, sondern nimm dir Zeit, dich weiter darüber zu informieren.

Bring dich ein!

Hier im Buch war die angenommene Ausgangslage oft, dass du mit einem Begriff konfrontiert wirst und darauf reagieren musst. Aber es geht nicht immer nur um einzelne Begriffe, auch die Perspektive auf ein Thema ist wichtig.

Deshalb: Bring dich ein! Frage dich bei einer Diskussion, ob sie aus einer Perspektive geführt wird, die du als dem Thema angemessen empfindest – oder ob es auch noch eine andere Perspektive darauf gibt, die eigentlich besser passt oder wichtiger wäre (wie in der Diskussion über »Klimahysterie«). Vielleicht schaffst du es sogar, die Perspektive von Menschen miteinzubeziehen, die häufig vergessen oder weniger gehört werden.

Bei einer Diskussion über Klimaschutz können beispielsweise verschiedene Aspekte beleuchtet werden. Die Schönheit des Planeten und der Landschaft, die es zu erhalten gilt, die eigene Gesundheitsgefährdung durch Abgase oder die Ungerechtigkeit, dass einzelne Länder mehr unter den Auswirkungen der Erderwärmung leiden als andere.

Es gibt viele legitime Perspektiven auf ein Thema, die ganz unterschiedliche Bilder, Ideen und Gefühle hervorrufen. Du kannst außerdem immer auch **selbst Themen ansprechen** und sie von vornherein **aus deinem Blickwinkel zur Diskussion stellen**. So kommst du vom Reagieren ins Agieren!

Sprecht miteinander über Sprache!

Und zuletzt kannst du bei vielen Menschen auch das Thema Sprache selbst aufgreifen und diskutieren – und zwar unabhängig davon, ob gerade ein problematischer Begriff gefallen ist oder nicht. Ein Gespräch über Sprache kann dabei helfen, Positionen und Meinungen erst richtig offenzulegen – weil es ermöglicht, sie klar zu formulieren.

Wenn die mitschwingenden Bedeutungen von Begriffen und Frames auf den Tisch kommen, wird möglicherweise deutlich, ob die darin vermittelten Einstellungen von deinem Gegenüber wirklich vertreten werden oder nicht. So können wichtige, grundlegende Diskussionen entstehen. Viele Menschen finden solche Meta-Diskussionen über Sprache interessant und lassen sich darauf ein, wenn das Gespräch respektvoll, reflektiert und nicht moralisierend daherkommt.

Wichtig ist es, in einen ergebnisoffenen und lebendigen Austausch über Positionen und Meinungen zu kommen – der gleichzeitig frei von Diskriminierung, Ausgrenzung und Abwertung ist. Das Ziel dabei sollte nicht sein, dem Gegenüber die eigene Meinung und Sprechweise aufzuzwingen, sondern gemeinsam die Fähigkeit zu entwickeln, **frei und radikal höflich miteinander zu sprechen**.

Unsere Demokratie lebt vom Austausch unterschiedlicher Perspektiven. Eine bewusste, offene, klare Sprache, die unsere Weltsicht vermittelt, kann zu einer demokratischen Debattenkultur beitragen. Dafür sind wir alle gefragt.

Glossar

Das Glossar gibt eine Hilfestellung, um problematische Begriffe zu erkennen und zu hinterfragen. Es ist eine unvollständige Auswahl mit sehr deutlichen und subtileren Begriffen. Dabei geht es nicht darum, sie wie Vokabeln auswendig zu lernen, sondern die Mechanismen dahinter zu verstehen.

Die Begriffe schließen an das rechtspopulistische Weltbild an (*siehe Kasten auf S. 12*). Daher ist das Glossar unterteilt in seine zentralen Kategorien: »Wir«, »Die Fremden«, »Die da oben«, »Bedrohung« und »Verteidigung«. Erklärt werden Gebrauch (von wem und wie werden Begriffe verwendet?), Wirkung (welche Frames rufen sie auf und welche Denkweisen legen sie nahe?) und Varianten (welche ähnlichen Begriffe gibt es?). Für rechtspopulistische Begriffe in Überschriften und Varianten verwenden wir keine Anführungszeichen.

»Wir«

Christliches Abendland

Gebrauch: Ursprünglich Bezeichnung für das südwestliche Europa. Später immer wieder Gegenstand von kulturellen Untergangsfantasien. Wird zunehmend ab- und ausgrenzend gegenüber (Menschen aus) muslimisch geprägten Ländern verwendet (z. B. »Patriotische Europäer gegen die Islamisierung des Abendlandes« – Pegida).

Wirkung: Verkürzt die Wirklichkeit. Westeuropa war nie rein christlich geprägt (denken wir an das antike Griechenland oder

Rom) und ist es auch jetzt nicht. Begriff legt außerdem einen Kontrast zum ebenfalls konstruierten »arabisch-muslimischen Morgenland« nahe.
Varianten: → ***Kulturkreis***, jüdisch-christliche Tradition

Kulturkreis

Gebrauch: Ursprünglich zur Beschreibung kultureller Gemeinsamkeiten in größeren Gebieten. Unter Rechtsextremen steht der Begriff heute für die Vorstellung einer kulturellen »Reinhaltung« von Staaten und Gesellschaften. Der Begriff »Rasse« wird dabei bewusst durch harmlos klingende Begriffe wie »Kultur«, »Identität« oder »Ethnie« ersetzt.
Wirkung: Ein Kreis vermittelt Einheitlichkeit und Geschlossenheit, als könnten Kulturen immer in einem spezifischen Gebiet verortet und voneinander getrennt werden. Kulturen (= Lebensweisen) sind aber weder angeboren noch inhaltlich einheitlich oder einkreisbar, sondern wandeln sich ständig.
Varianten: Kulturraum, Lebensraum, → ***Ethnopluralismus***

(deutsche) Leitkultur

Gebrauch: Ende der 1990er-Jahre aufkommender Begriff, der Werte und Regeln zusammenfassen will, nach denen sich Eingewanderte und Geflüchtete im Einwanderungsland richten sollen. Beliebtes konservatives Schlagwort.
Wirkung: Legt nahe, es gäbe eine einheitliche und traditionell »deutsche« Kultur, die wegen ihres Ursprungs mehr wert sei als andere – also eine (leitende) Führungsrolle innehaben solle. Zugehörigkeit zur deutschen Gesellschaft, so die Behauptung

dahinter, könne klar darüber definiert werden. Blendet regionale Unterschiede und Eigenheiten aus, die nicht zusammenzufassen sind. Mögliche Inhalte dieser Leitkultur (Handschlag? Goethe? Tatort? Ballermann?) werden immer wieder neu – und bezeichnenderweise kontrovers – diskutiert.

Lebensschützer

Gebrauch: Selbstbezeichnung einer internationalen Bewegung überwiegend fundamentaler Christ*innen, die sich gegen Schwangerschaftsabbrüche richtet.
Wirkung: Betont etwas Positives (das Leben) und die Absicht, es unter allen Umständen zu schützen. Blendet die Perspektive von Schwangeren aus, die über ihren Körper selbst bestimmen und die Entscheidung über eine Austragung persönlich treffen möchten.

Wir sind das Volk

Gebrauch: Ursprünglich Parole auf den Demonstrationen der friedlichen Freiheitsbewegungen in der DDR. Wurde von Neonazis, Pegida und auch für AfD-Kampagnen übernommen und umgedeutet.
Wirkung: Ende der 1980er Ausdruck für den Wunsch nach Demokratie. Heute vor allem zur Propagierung eines einheitlichen Volksbegriffs und gegen das Feindbild »Politische Elite«. Nur die eigene, nicht klar definierte Gruppe wird als »wahres« Volk anerkannt, andere Bevölkerungsgruppen werden bewusst ausgeschlossen.

»Die Fremden«

Feminazi

Gebrauch: Beleidigend und verunglimpfend für Feminist*innen und Menschen, die sich für Gleichstellung einsetzen. Eingeführt vom US-amerikanischen Radiomoderator Rush Limbaugh, der so Frauen bezeichnet, die angeblich »davon besessen sind, einen modernen Holocaust fortbestehen zu lassen: Abtreibung.«
Wirkung: Stellt Feminismus metaphorisch in eine Reihe mit dem Nationalsozialismus als militante und totalitäre Ideologie (also einem geschlossenen Weltbild anhängend) – wodurch nichtfeministische Männer sich als Verfolgungsopfer inszenieren können.
Varianten: moralischer Totalitarismus, Gendertanten

Merkels Gäste

Gebrauch: Ironische Bezeichnung für geflüchtete Menschen, die gleichzeitig Angela Merkels Politik Naivität vorwirft.
Wirkung: Frame von »Gästen« spricht Geflüchteten das Recht auf Asyl ab, da Gäste ihr »Gastrecht« verwirken können. Legt (ähnlich wie bei »Gastarbeiter*in«) stattdessen nahe, dass Menschen nur vorübergehend im Land bleiben sollen, daher auch nicht als vollwertige Mitglieder der Gesellschaft betrachtet werden müssen. Das Bild lässt auch noch eine weitere Interpretation zu: Angela Merkel wird als »Gastgeberin« die alleinige Verantwortung zugesprochen.
Varianten: Kulturbereicherer, Fachkräfte, Goldstücke

Homo-Lobby

Gebrauch: Abwertend für Menschen, die sich für LGBTQIA*-Rechte einsetzen.
Wirkung: Legt nahe, es gäbe eine organisierte, finanziell unterstützte, unverhältnismäßige Einflussnahme auf die traditionelle (= heteronormative) Familien- und Geschlechterordnung. Lobbyismus (eine prinzipiell legitime Form der Interessenvertretung) wird so ein verschwörerischer Charakter unterstellt.
Varianten: Frühsexualisierung, → ***Gendergaga***, Umerziehung

links(grün) versifft

Gebrauch: Abwertende Bezeichnung für Menschen mit liberalen, progressiven, feministischen, antirassistischen, antifaschistischen oder generell anderen politischen Ansichten. Oft als Zusatz zu → »***Gutmensch***«.
Wirkung: Bedient den Hygiene-Frame: sauber (= gut) vs. schmutzig (= schlecht). Die Assoziation zu einer (gewalttätigen) »Säuberung« liegt nahe.

Gutmensch

Gebrauch: Abwertende Bezeichnung vor allem für engagierte Menschen in der Geflüchtetenhilfe und mit progressiven und liberalen Einstellungen.
Wirkung: Ironisiert die vermeintliche Selbstbezeichnung eines guten, helfenden Menschen und verkehrt die Bedeutung ins Gegenteil. Unterstellt so eine moralische Selbstüberhöhung von »Gutmenschen« und diffamiert ihre Toleranz und Hilfsbereit-

schaft als naiv und weltfremd. Lässt somit positive menschliche Eigenschaften als negativ erscheinen.
Varianten: Bahnhofsklatscher, Snowflake, Systemschafe

(Arabische) Parallelgesellschaft

Gebrauch: Weit verbreitetes Schlagwort, vor allem in Bezug auf Integrationsdebatten. Beschreibt die angebliche Abschottung einer Gruppe von der Mehrheitsgesellschaft durch eigene soziale Regeln und Werte. Häufig im Zusammenhang mit der geforderten Anpassung an eine → ***»Leitkultur«***.
Wirkung: Der Begriffsteil »parallel« vermittelt ein Nebeneinanderher von sozialen Gemeinschaften ohne jegliche Überschneidung. Tatsächlich gibt es in jeder Gesellschaft viele verschiedene »Parallelgesellschaften«. Sie existieren aber weder pauschal oder ausschließlich in (post-)migrantischen Gemeinschaften (man denke an Adelsverbände oder Hamburger Villenviertel), noch sind sie grundsätzlich ein Problem. Der Begriff macht außerdem vergessen, dass auch die Mehrheitsgesellschaft Einfluss auf die Isolierung bestimmter Gruppen hat.

»Die da oben«

Altparteien

Gebrauch: Begriff aus der NS-Zeit, später auch von jungen Parteien in Abgrenzung zu etablierten verwendet. Demokratische Parteien haben mittlerweile Abstand von ihm genommen. In AfD-Kreisen wird er weiterhin gebetsmühlenartig wiederholt.

Wirkung: Stellt ältere Parteien als ausgedient und verbraucht dar und lässt sie als einheitliche Masse erscheinen. Bedient damit ähnlich wie »Systemparteien« das Freund-Feind-Schema von »Elite« vs. »Volk« und legt so die Basis für den (antisemitischen) Verschwörungsmythos einer machthungrigen, korrupten und opportunistischen politischen Klasse.
Varianten: Systemparteien, Blockparteien, Parteienkartell, Parteienfilz

Deutschland GmbH

Gebrauch: Vor allem von sogenannten »Reichsbürgern« verwendet, die unterschiedlichen Verschwörungsmythen über die Unrechtmäßigkeit der Bundesrepublik anhängen. Sie glauben beispielsweise an den Fortbestand des Deutschen Reichs oder dass Deutschland durch die USA »gegründet« worden und deswegen eine Firma sei.
Wirkung: Behauptet, die Bundesrepublik sei ein Wirtschaftsunternehmen und kein demokratischer Staat. Daraus wird unter anderem das vermeintliche Recht abgeleitet, die »Mitgliedschaft zu kündigen« und nach eigenen Gesetzen zu leben. Der demokratische Staat und seine Institutionen (Regierung, Polizei, Gerichte, Verwaltung) werden also abgelehnt.
Varianten: BRDDR, BRD GmbH, Linksdiktatur, BRD-Diktatur

(Globalistische) Krake

Gebrauch: Uraltes Bild, das die weltumspannende Verschwörung einer globalen Elite behauptet und zur undifferenzierten Globalisierungs- und Kapitalismuskritik missbraucht wird. Obwohl nicht explizit von jüdischen Menschen die Rede ist, hat das aufgerufene Bild der geheimen, globalen Weltmacht eine antisemitische Tradition.

Wirkung: Knüpft an die jahrhundertealte Erzählung an, wonach ein, jüdischer, »raffgieriger« Machtzirkel im Verborgenen die Welt lenke und ausbeute. Das Bild: Eine Krake umschlingt wehrlose Menschen und Länder mit ihren vielen Armen, die alle möglichen Hebel in der Hand halten. Sie wird gelenkt von einer zentralen Stelle, dem Kopf. Es wird ausgeblendet, dass der globalisierte Kapitalismus ein System ist, in dem wir alle leben, konsumieren und arbeiten.

Varianten: Globalisten, raffendes Kapital, Hochfinanz, Wallstreet, Ostküste

Lügenpresse

Gebrauch: Diskreditierend für Medienschaffende. Wurde schon im Ersten Weltkrieg und im Nationalsozialismus als Teil eines großen, antisemitischen Verschwörungsmythos verwendet, um die Presse als unehrlich und manipulativ darzustellen. Pegida-Demonstrant*innen machten den Begriff wieder als Hassparole populär.

Wirkung: Ruft den Frame von »wahr vs. falsch« auf. Behauptet so, Medien würden Sachverhalte *absichtlich* verzerrend oder lückenhaft darstellen und so die Bevölkerung manipulieren.

Varianten: Lückenpresse, Pinocchiopresse, Relotiuspresse, Fake News

Systemmedien

Gebrauch: Abwertend für »etablierte« Medien und Medienschaffende. Stellt ihre Glaubwürdigkeit und Unabhängigkeit infrage. Behauptet, sie würden die Regierung – »das System« – unterstützen und nach ihren Wünschen berichten.
Wirkung: Der Begriffsteil »System« legt eine staatliche oder auch von der Regierung verordnete und gelenkte, einheitliche Berichterstattung nahe. Stellt zusätzlich den Gegensatz zwischen technischem System und »natürlichem Volkskörper« her.
Varianten: Mainstream-Medien, Medienkartell, Staatsmedien, Staatsfunk, → ***Lügenpresse***

Volksverräter

Gebrauch: Begriff aus der NS-Zeit, mit dem heute in rechten Kreisen Politiker*innen und Mitglieder demokratischer Parteien beschimpft werden. Regelmäßiger Sprechchor auf Pegida-Demonstrationen.
Wirkung: Setzt voraus, es gäbe einen unmittelbaren »Volkswillen«, der von seinen parlamentarischen Vertreter*innen verraten werde. Untergräbt so das Vertrauen in die Demokratie und rückt gewählte Politiker*innen in die Nähe von Straftaten, die in der NS-Zeit mit dem Tod bestraft wurden.
Variante: Volksfeind

»Bedrohung«

Asyltourismus

Gebrauch: Politischer Kampfbegriff aus dem Jahr 2018, mit dem Flucht als reines Geschäftsmodell dargestellt wird. Zum einen wird Asylsuchenden vorgeworfen, deutsche Sozialleistungen ausnutzen zu wollen, zum anderen werden Schlepper*innen für erhöhte Fluchtzahlen verantwortlich gemacht.
Wirkung: Stellt Flucht als Urlaub dar und unterstellt Menschen, die vor existenzieller Bedrohung fliehen und ihr Zuhause zurücklassen, Leichtfertigkeit in ihrer Entscheidung. Profitschlagenden Schlepper*innen kommt in diesem Bild die Rolle von Reiseveranstalter*innen oder einem »Shuttle-Service« zu, die einen angenehmen Transport ermöglichen.
Varianten: Asylindustrie, Asylforderer, Scheinasylanten, Sozialtourismus, Sozialmigration,

Flüchtlingswelle

Gebrauch: Metapher für höhere Migration. In den 1990er-Jahren aufgekommen, seit 2015 weit verbreitet, insbesondere für Zuwanderung aus Syrien.
Wirkung: Stellt einen Zusammenhang zu Naturkatastrophen her und löst so Angst aus. Geflüchtete Menschen werden zu einer Masse vereinheitlicht und als Problem dargestellt, dem Deutschland und die Politik hilflos ausgeliefert sei. Begriff tut so, als hätten europäische Länder keinen Einfluss auf diese Entwicklung und keine Möglichkeit gehabt, sich besser auf die erhöhte Migra-

tion vorzubereiten – zum Beispiel durch frühzeitigen Stellenaufbau in der Verwaltung.
Varianten: Flüchtlingsstrom, Flüchtlingsflut, Asylflut, Flüchtlingslawine, Flüchtlingstsunami, Invasion, Migrationswelle, Massenmigration

Frühsexualisierung

Gebrauch: Kampfbegriff gegen das Anliegen, sexuelle und geschlechtliche Vielfalt frühzeitig auch in Bildungsplänen zu thematisieren und zu fördern. Heraufbeschworen wird die »Zerstörung« der traditionellen Familien- und Geschlechterordnung.
Wirkung: Soll nahelegen, Kinder würden zu früh an Sexualität herangeführt und dazu verführt, eine »andere« Sexualität oder Geschlechtsidentität anzunehmen. Stellt also sexuellen Aufklärungsunterricht und die Auseinandersetzung mit sexueller und geschlechtlicher Vielfalt in der Schule als Manipulation von Heranwachsenden dar. Dass Sexualität und Geschlechtsidentität nicht beliebig gewechselt werden, sondern sich individuell herausbilden, wird dabei unterschlagen.
Varianten: Umerziehung, → ***Gendergaga***

Gendergaga

Gebrauch: Anti-feministischer Kampfbegriff, der sowohl Bemühungen zur Gleichstellung und Gleichberechtigung aller Geschlechter als auch wissenschaftliche Erkenntnisse aus dem Feld der Gender Studies verhöhnt.
Wirkung: Stellt beides als absurd und »verrückt« dar. Bedient

damit den Frame »gesund vs. krank«. Spricht Menschen, die nicht nach der Hetero-Norm leben, die Vernunft ab. Soll so vorgeben, was »normal« ist und was nicht.
Varianten: Genderwahn, Genderideologie

Gesinnungsterror

Gebrauch: Verunglimpft Kritik an diskriminierendem Sprechen und Denken.
Wirkung: Kritik an Sprache wird zum einen als rein ideologisch verunglimpft und zum anderen mit »Terror« in Verbindung gebracht. Damit wird nahegelegt, eine bestimmte Weltsicht solle mithilfe von Gewalt, Angst und Schrecken durchgesetzt werden.
Varianten: Sprachpolizei, politische Korrektheit, Meinungspolizei, Meinungsterror, Meinungsdiktatur, Toleranzdiktatur, Denkverbot, Kulturmarxismus

Klimahysterie

Gebrauch: Verbreitetes Schlagwort, mit dem die globale Klimaschutzbewegung und Klimaschutzmaßnahmen diffamiert werden sollen.
Wirkung: Ruft die Frames »gesund vs. krank« und »vernünftig vs. irrational« auf. Stellt so Klimaschutzmaßnahmen und Debatten darüber als »verrückt« und übertrieben dar. Knüpft an das konstruierte Krankheitsbild der »Hysterie« an und richtet sich so insbesondere gegen Frauen.
Varianten: Klimawahn, Klimareligion, Ökoterroristen

Rapefugee

Gebrauch: Diffamierende Bezeichnung für geflüchtete Männer. Kombination von den Begriffen Rape (engl. Vergewaltigung) und Refugee (Geflüchtete*r).

Wirkung: Markiert geflüchtete Männer als Gefahr für die »deutsche Frau«. Vermittelt also einen Zusammenhang von Flucht und sexualisierter Gewalt. Missbraucht so ein legitimes Anliegen (Gewaltschutz für Frauen) für rassistische Zwecke.

Varianten: Männerhorden, Messermänner, Fickilanten, Migrassor, Gefährder, Parasiten

Multikulti

Gebrauch: Abkürzung für »Multikulturalismus« – ein seit den 1990er-Jahren verbreitetes und vielfach kritisiertes Modell, welches das Zusammenleben unterschiedlicher Kulturen in einer Gesellschaft beschreibt. Häufiges politisches Schlagwort. Wird zunehmend auf ironische und abwertende Weise von Rechten übernommen.

Wirkung: Durch Verniedlichung und Reimform wird die Vorstellung einer friedlichen, vielfältigen Gesellschaft als naiv und weltfremd verspottet. So wird eine komplexe Integrationsdebatte vereinfacht und verschärft.

Varianten: Multikriminelle Gesellschaft, Multikulti-Extremisten, Multikulti-Umerziehung

Schuldkult

Gebrauch: Abwertende Bezeichnung für die deutsche Aufarbeitung und Erinnerung an die NS-Verbrechen. Behauptet, Deutschen würden Schuldgefühle für Verbrechen der NS-Zeit aufgezwungen.
Wirkung: Setzt das Erinnern an die NS-Zeit mit einem religiösen und rituellen Kult gleich, der gehorsam befolgt und verehrt wird. Stellt Aufarbeitung und Erinnerung als übertrieben oder lächerlich und als »von oben verordnet« dar. Lenkt so die Aufmerksamkeit von der Frage unserer heutigen Verantwortung auf das »Loswerden vergangener Schuld« und einen »gesunden Nationalstolz«.
Varianten: Erinnerungsdiktatur, Nationalneurose, Bewältigungspolitik

Überfremdung

Gebrauch: An »Bevölkerungsaustausch« und → ***»Umvolkung«*** angelehnter Ausdruck für eine angebliche Bedrohung der »europäischen Kultur und Identität« durch »Fremde«. Wurde schon zur NS-Zeit gebraucht, ist aber mittlerweile Standardvokabular der rechten Szene.
Wirkung: Legt nahe, ein Land oder eine Kultur sei klar begrenzt wie ein Gefäß, das *über*laufen kann. Als »fremd« und in diesem Bild »*über*flüssig« werden Menschen bezeichnet, die nicht in das konstruierte Bild der eigenen Gruppe passen. Sie werden als diffuse Gefahr markiert und ihnen wird unterschwellig das Recht abgesprochen, in dieser Gesellschaft zu leben.
Variante: Islamisierung

Umvolkung

Gebrauch: Rechtsextremer Kampfbegriff, mit dem Stimmung gegen Migration gemacht wird. Mittlerweile auch über rechtsextreme Kreise hinaus verbreitet. Wurde bereits zur NS-Zeit, aber mit komplett anderer Bedeutung, gebraucht. Bezeichnete damals die geplante »Eindeutschung« von Bevölkerungsgruppen in den überfallenen, osteuropäischen Ländern.

Wirkung: Gründet auf dem rechtsextremen Verschwörungsmythos vom »Großen Austausch«, die fantasiert, die weiße Bevölkerung Europas (oder auch der ganzen Welt) solle durch muslimische oder nicht-weiße Einwanderung »ausgelöscht« und »ersetzt« werden. Dies werde durch die Regierung und andere globale oder wirtschaftliche Eliten im Geheimen vorangetrieben und gesteuert. Begriff legt nahe, »Völker« könnten wie Pflanzen versetzt werden (»Umtopfung«) und hätten keine eigene Entscheidungsmacht.

Varianten: Bevölkerungsaustausch, großer Austausch, Volkstod, Migrationswaffe

»Verteidigung«

Ethnopluralismus

Gebrauch: Intellektuell anmutende Wortneuschöpfung, die eine Trennung von »Völkern« nach zugeschriebenen Herkunftsländern fordert. Erst von der NPD, dann vor allem von der »Identitären Bewegung« gebraucht.

Wirkung: Gaukelt ein Verständnis von Pluralität vor – also der Anerkennung unterschiedlicher Kulturen. Verbindet diese aber

mit der Vorstellung klarer geographischer Zugehörigkeit. »Kulturelle Mischung« wird im Gegenzug als schädlich dargestellt. Die gewaltsame »Rückführung« von Menschen wird also rassistisch begründet.
Varianten: → ***Remigration***, Reconquista Europa

Transitzentrum

Gebrauch: Verharmlosende Bezeichnung für Abschiebelager. Soll als Übergangsunterbringung für Geflüchtete dienen, die bereits in einem anderen Land registriert sind oder wenig Chancen auf Asyl haben. Sie können somit direkt an der deutschen Grenze abgewiesen werden. 2018 umbenannt in »Ankerzentrum«.
Wirkung: Der Begriffsteil »Transit« erinnert an die Transitzone im Flughafen und legt so eine problemlose Weiterreise nahe. Schließt damit an das Bild des »Asyltourismus« an und deutet Flucht zur Urlaubsreise um. Begriff täuscht außerdem eine »neutrale« Zone vor, in der eine Abweisung vertretbar erscheint. Nach geltendem Recht dürfen aber alle Geflüchteten auf deutschem Staatsgebiet einen Asylantrag stellen.
Variante: Ankerzentrum

Merkel muss weg

Gebrauch: Zunächst Pegida-Parole, mittlerweile etablierter Slogan in rechten Kreisen. Verdichtet die Ablehnung der Regierungspolitik zu Hass auf die Person Angela Merkel.
Wirkung: Ruft das Bild von Müll oder Schmutz auf, der »weg muss«.

Varianten: Alexander Gaulands »(Menschen) entsorgen« oder »jagen«

Remigration

Gebrauch: Begriff aus der Migrationsforschung. Angeeignet von der »Neuen Rechten«, dort verwendet als Schlagwort, das die »Umkehrung« von Migration fordert – also als fremd markierte Menschen gewaltsam abzuschieben.
Wirkung: Klingt wissenschaftlich, staatstragend und nach einem harmlosen oder auch freiwilligen Vorgang. Beschönigt so gewaltsame Abschiebung. Tatsächlich unterscheidet sich die Ideologie dahinter jedoch nicht von derjenigen hinter »Ausländer raus!«.
Variante: Reconquista Europa, → ***Ethnopluralismus*** oder auch Björn Höckes »wohltemperierte Grausamkeit«

Zurückholen

Gebrauch: Vor allem in Zusammenhang mit »Land zurückholen« (Zitat: Gauland), aber auch im Zusammenhang der Brexit-Kampagne (»take back control«).
Wirkung: Legt nahe, etwas wäre widerrechtlich »weggenommen« oder »gestohlen« worden, was vorher besessen wurde. Oft werden die Feindbilder aus dem rechtspopulistischen Weltbild als »Diebe« dargestellt, von denen »das Land«, »die Kultur«, »die Kontrolle« oder Ähnliches »zurückgeholt« werden müsse.
Variante: schützen

Quellen und weitere Literatur

Alle Online-Quellen wurden abgerufen am 17. April 2020.

Kapitel 1: Sprich über Sprache!
Die freie Journalistin Lea Fauth erklärt ausführlich die zugrundeliegende, problematische Unterscheidung, die sich in »Fremdenfeindlichkeit« versteckt: *https://uebermedien.de/31374/hasswort-fremdenfeindlich/*.

Zum Einfluss von politischer Hasskriminalität im Netz gibt es mittlerweile Studien. Sie zeigen, dass Hate Speech zum überwiegenden Teil von Personen mit rechtsextremer Gesinnung ausgeht (*https://www.bka.de/DE/Presse/Listenseite_Pressemitteilungen/2019/Presse2019/190606_AktionstagHasspostings.html*), zu großen Teilen von einer organisierten und lautstarken Minderheit stammt (*https://www.isdglobal.org/wp-content/uploads/2018/07/ISD_Ich_Bin_Hier_2.pdf*) und dazu führt, dass sich Menschen online weniger zu Wort melden (*https://www.idz-jena.de/forschungsprojekte/hass-im-netz-eine-bundesweite-repraesentative-untersuchung-2019/*).

Eine tiefergehende Argumentation gegen den »Sprachpolizei«-Vorwurf führt die Autorin und Anti-Diskriminierungstrainerin Josephine Apraku aus: (*https://editionf.com/sprachpolizei-rassistische-sprache-josephine-apraku/*).

Kapitel 2: Die Macht der Sprache

Grundlegende Überlegungen zu Framing hat Robert Entman (1993) angestellt: *Framing: Towards a Clarification of a Fractured Paradigm*. Journal of Communication 43 (4).

In jüngeren Untersuchungen ist vor allem Elisabeth Wehling (2016) prominent. Sie schreibt ausführlich über den Einfluss von Framing auf unseren Alltag und in politischen Debatten: *Politisches Framing. Wie eine Nation sich ihr Denken einredet – und daraus Politik macht*. Köln: Herbert von Halem Verlag.

Einen interessanten Überblick zum Einfluss von Wörtern auf unser Denken und Handeln gibt auch der Artikel von Claudia Wüstenhagen in der ZEIT: *https://www.zeit.de/zeit-wissen/2012/06/Sprache-Worte-Wahrnehmung/komplettansicht*.

Kapitel 3: Rechtspopulistische Sprache

Victor Klemperers (1957) Aufzeichnungen zur »Lingua Tertii Imperii« (LTI) – der »Sprache des Dritten Reichs« – sind gerade in der heutigen Zeit ein wichtiges Standardwerk, um rechte Sprache zu verstehen: *LTI. Notizbuch eines Philologen*. Stuttgart: Reclam.

Lesenswerte Analysen heutiger rechter Rhetorik liefern zum Beispiel die Autorin Natascha Strobl (hier ihre Analyse der »faschistischen Narrative« Björn Höckes: *https://www.zeit.de/politik/deutschland/2019-12/bjoern-hoecke-rechtsextremismus-afd-politiker-thueringen*) oder der Sprachwissenschaftler *josch* in seinem Vortrag zum »Schimpfwörterbuch der Neuen Rechten« (*https://media.ccc.de/v/36c3-10935-aus_dem_schimpfworterbuch_der_neuen_rechten*).

Das im Kapitel verwendete Zitat von Kübra Gümüşay findet sich in ihrem Buch (2020): *Sprache und Sein*. München: Hanser.

Kapitel 4: Sprich es an – aber wie?

Jacob Biazza nimmt den Begriff »Flüchtlingswelle« genauer unter die Lupe: *https://www.sueddeutsche.de/kultur/framing-check-fluechtlingswelle-wenn-menschen-zur-naturkatastrophe-werden-1.4038753*. Die SZ-Serie »Framing-Check« reflektiert auch die Wirkung weiterer politischer Begriffe.

Detaillierte Zahlen und Daten rund ums Thema Asyl hier: *https://mediendienst-integration.de/migration/flucht-asyl/zahl-der-fluechtlinge.html*. Wer es noch genauer wissen will, kann auch die monatlichen Berichte des Bundesamts für Migration und Flüchtlinge lesen: *https://www.bamf.de/DE/Themen/Statistik/Asylzahlen/asylzahlen-node.html*.

Die Jury aus Sprachwissenschaftler*innen der Technischen Universität Darmstadt hat das Wort »Klimahysterie« im Übrigen zum Unwort des Jahres 2019 gewählt. Die Begründung im Wortlaut: *http://www.unwortdesjahres.net/fileadmin/unwort/Pressemitteilungen/pressemitteilung_unwort2019.pdf*.

Mehr zu Geschichte, Verbreitung und Bedeutung des Begriffs »Politische Korrektheit« hier: *http://www.diskursatlas.de/index.php?title=Political_Correctness*.

Der ehemalige Staatssekretär Ulrich Kasparick analysiert in seinem Blog die Bedeutung des Begriffs »Altparteien«: *https://ulrichkasparick.wordpress.com/2015/10/29/altparteien-anmerkungen-zur-rhetorik-der-afd/*.

Kapitel 5: Radikal höfliches Sprechen

Der Sprachwissenschaftler Anatol Stefanowitsch (2018) fasst leicht verständlich und überzeugend zusammen, warum und wie wir im Alltag inklusiv miteinander sprechen sollten und können: *Eine Frage der Moral: Warum wir politisch korrekte Sprache brauchen.* Stuttgart: Reclam.

Einen praktischen Einstieg ins rassismuskritische Denken bietet die Trainerin und Autorin Tupoka Ogette in ihrem Buch (2018): Exit Racism. Rassismuskritisch denken lernen. Münster: Unrast.

Glossar

Das Glossar in diesem Buch greift exemplarisch rechtspopulistische Begriffe heraus, um das dahinterliegende Weltbild und seine sprachlichen Mechanismen zu verdeutlichen. Zum Weiterlesen empfehlen wir auch andere Glossars im Themenfeld, die jeweils andere, eigene Schwerpunkte setzen:

Erläuterungen zu diskriminierenden Begriffen *und* alternative Formulierungen rund ums Thema Einwanderungsgesellschaft liefert das Glossar der Neuen Deutschen Medienmacher*innen: *https://glossar.neuemedienmacher.de/.*

Das Glossar des Antidiskriminierungsbüros Köln fokussiert besonders Begriffe mit kolonialer Geschichte:*https://www.uni-hamburg.de/gleichstellung/download/antirassistische-sprache.pdf.*

Begriffe der deutschen Asyldebatte werden in einem eigenen Kurzglossar der Zeit kommentiert: *https://www.zeit.de/kultur/2018-07/rhetorik-sprache-alexander-dobrindt-worterfindungen-woerterbuch.*

Umfassendere Sammlungen von rechten Begriffen: Andreas Graf von Bernstorff (2020): *Rechte Wörter.* Heidelberg: Carl Auer Verlag. Feustel / Grochol / Prüwer / Reif (2017): *Wörterbuch des besorgten Bürgers.* Mainz: Ventil Verlag.

Caroline Morfeld studierte Kultur- und Politikwissenschaften sowie Literaturwissenschaften in Bremen, Ljubljana, Berlin und Reykjavík. Sie ist in der politischen und Jugendbildungsarbeit aktiv. Seit 2018 gibt sie für den Tadel verpflichtet e. V. unter anderem Workshops zum radikal höflichen Umgang mit Rechtspopulismus und rechtspopulistischer Sprache.

Tobias Gralke arbeitet als freiberuflicher Theatermacher, Workshop-/Gesprächsleiter, Autor und Lehrbeauftragter zwischen Kulturbetrieb, Politischer Bildung und Demokratieforschung. Seine Arbeiten beschäftigen sich mit politischen Erfahrungsräumen der Gegenwart, der Zukunft der Demokratie sowie Protest und politischer Ästhetik im digitalen Zeitalter. Mehr: tobiasgralke.de

Philipp Steffan studierte Philosophie und Volkswirtschaftslehre, hospitierte in den Politikredaktionen der FAZ und FAS und widmet sich seit 2017 der politischen Bildungsarbeit zu Rechtspopulismus und demokratischer Teilhabe. Hauptberuflich arbeitet er für polidia, konzipiert als Beteiligungsexperte Dialogprozesse, berät bei deren Umsetzung und moderiert Veranstaltungen und Workshops.